御赐的古寺

中华文化风采录 — 千秋圣殿奇观

陈璞 编著

北方妇女儿童出版社
·长春·

版权所有　侵权必究

图书在版编目(CIP)数据

御赐的古寺 / 陈璞编著. —长春：北方妇女儿童出版社，2017.5（2022.8重印）
（千秋圣殿奇观）
ISBN 978-7-5585-1086-1

Ⅰ．①御… Ⅱ．①陈… Ⅲ．①寺庙－古建筑－介绍－中国 Ⅳ．①K928.75

中国版本图书馆CIP数据核字(2017)第103407号

御赐的古寺
YUCI DE GUSI

出 版 人	师晓晖	
责任编辑	吴　桐	
开　　本	700mm×1000mm　1/16	
印　　张	6	
字　　数	85千字	
版　　次	2017年5月第1版	
印　　次	2022年8月第3次印刷	
印　　刷	永清县晔盛亚胶印有限公司	
出　　版	北方妇女儿童出版社	
发　　行	北方妇女儿童出版社	
地　　址	长春市福祉大路5788号	
电　　话	总编办：0431-81629600	
定　　价	36.00元	

序言

习近平总书记说:"提高国家文化软实力,要努力展示中华文化独特魅力。在5000多年文明发展进程中,中华民族创造了博大精深的灿烂文化,要使中华民族最基本的文化基因与当代文化相适应、与现代社会相协调,以人们喜闻乐见、具有广泛参与性的方式推广开来,把跨越时空、超越国度、富有永恒魅力、具有当代价值的文化精神弘扬起来,把继承传统优秀文化又弘扬时代精神、立足本国又面向世界的当代中国文化创新成果传播出去。"

为此,党和政府十分重视优秀的先进的文化建设,特别是随着经济的腾飞,提出了中华文化伟大复兴的号召。当然,要实现中华文化伟大复兴,首先要站在传统文化前沿,薪火相传,一脉相承,弘扬和发展5000多年来优秀的、光明的、先进的、科学的、文明的和自豪的文化,融合古今中外一切文化精华,构建具有中国特色的现代民族文化,向世界和未来展示中华民族具有独特魅力的文化风采。

中华文化就是中华民族及其祖先所创造的、为中华民族世世代代所继承发展的、具有鲜明民族特色而内涵博大精深的优良传统文化,历史十分悠久,流传非常广泛,在世界上拥有巨大的影响力,是世界上唯一绵延不绝而从没中断的古老文化,并始终充满了生机与活力。

浩浩历史长河,熊熊文明薪火,中华文化源远流长,滚滚黄河、滔滔长江是最直接的源头,这两大文化浪涛经过千百年冲刷洗礼和不断交流、融合以及沉淀,最终形成了求同存异、兼收并蓄的辉煌灿烂的中华文明。

中华文化曾是东方文化的摇篮,也是推动整个世界始终发展的动力。早在500年前,中华文化催生了欧洲文艺复兴运动和地理大发现。在200年前,中华文化推动了欧洲启蒙运动和现代思想。中国四大发明先后传到西方,对于促进西方工业社会形成和发展曾起到了重要作用。中国文化最具博大性和包容性,所以世界各国都已经掀起中国文化热。

中华文化的力量,已经深深熔铸到我们的生命力、创造力和凝聚力中,是我们民族的基因。中华民族的精神,也已深深根植于绵延数千年的优秀文化传统之中，是我们的精神家园。但是，当我们为中华文化而自豪时，也要正视其在近代衰微的历史。相对于5000年的灿烂文化来说，这仅仅是短暂的低潮，是喷薄前的力量积聚。

中国文化博大精深，是中华各族人民5000多年来创造、传承下来的物质文明和精神文明的总和，其内容包罗万象，浩若星汉，具有很强的文化纵深感，蕴含丰富的宝藏。传承和弘扬优秀民族文化传统，保护民族文化遗产，已经受到社会各界重视。这不但对中华民族复兴大业具有深远意义，而且对人类文化多样性保护也是重要贡献。

特别是我国经过伟大的改革开放，已经开始崛起与复兴。但文化是立国之根，大国崛起最终体现在文化的繁荣发展上。特别是当今我国走大国和平崛起之路的过程，必然也是我国文化实现伟大复兴的过程。随着中国文化的软实力增强，能够有力加快我们融入世界的步伐，推动我们为人类进步做出更大贡献。

为此，在有关部门和专家指导下，我们搜集、整理了大量古今资料和最新研究成果，特别编撰了本套图书。主要包括传统建筑艺术、千秋圣殿奇观、历来古景风采、古老历史遗产、昔日瑰宝工艺、绝美自然风景、丰富民俗文化、美好生活品质、国粹书画魅力、浩瀚经典宝库等，充分显示了中华民族厚重的文化底蕴和强大的民族凝聚力，具有极强的系统性、广博性和规模性。

本套图书全景展现，包罗万象；故事讲述，语言通俗；图文并茂，形象直观；古风古雅，格调温馨，具有很强的可读性、欣赏性和知识性，能够让广大读者全面触摸和感受中国文化的内涵与魅力，增强民族自尊心和文化自豪感，并能很好地继承和弘扬中国文化，创造未来中国特色的先进民族文化，引领中华民族走向伟大复兴，在未来世界的舞台上，在中华复兴的绚丽之梦里，展现出龙飞凤舞的独特魅力。

目录

千古名刹——大相国寺

睿宗感梦遂建大相国寺　002
进入空前的鼎盛时期　010
清朝重建并复名大相国寺　018

峨眉第一寺——报国寺

026　因康熙御题匾额而扬名天下
032　雄伟的殿宇与精美的塑像

目录

灵山圣地——北京三山宝刹

潭柘山麓的潭柘寺　040

马鞍山下的戒台寺　061

白带山麓的云居寺　077

千古名刹 大相国寺

　　大相国寺位于开封市中心，红墙碧瓦，殿宇巍峨。寺内有"汴京八景"之一的相国霜钟，更有美誉天下的"相国十绝"。

　　大相国寺原名建国寺，是我国著名的皇家寺院，也是十大历史名寺之一。它始建于555年，因受帝王崇奉，地位如日中天，是我国历史上第一座"为国开堂"的"皇家寺院"。大相国寺历史上曾屡兴屡废，其鼎盛时期为中外佛教及文化交流的中心，深为海内外佛教界所瞩目。

睿宗感梦遂建大相国寺

相传，大相国寺原为战国时期魏国公子信陵君无忌的故宅，后来却荒废了。555年，北齐在此兴建了寺院，并取名建国寺，后因兵灾被毁。

在唐初，大相国寺是歙州司马郑景的宅园。701年，慧云和尚寄宿安业寺，发现原郑景宅池内有楼殿幻影，认为此地很有灵气，便打算在这里建寺。

■弥勒佛佛像

706年，慧云和尚将在歙州募铸的一尊高一丈八尺的精美弥勒佛像运到汴州。711年，他又募购郑景宅园重建建国寺，并把佛像安置于此。

慧云和尚原本是

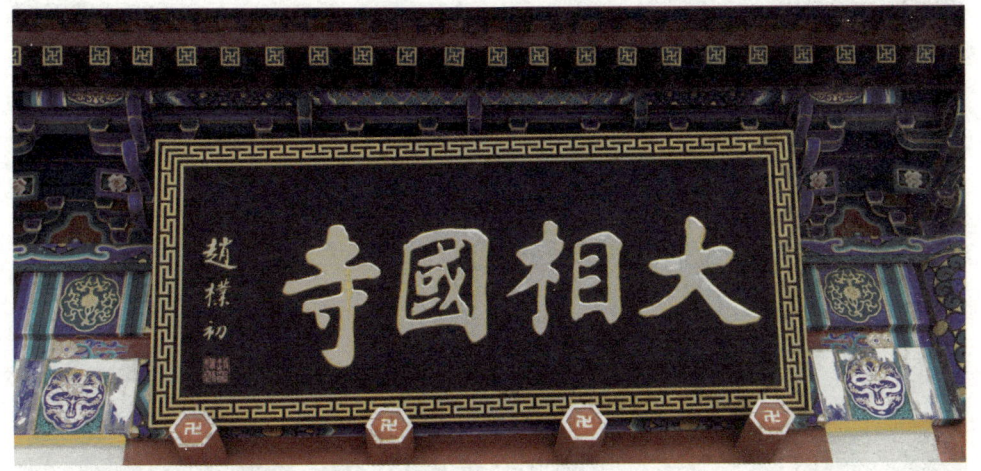

■ 大相国寺匾额

以"福慧寺"为名建寺的,但在挖掘地基时,掘得一块"建国寺"的古碑。在这块古碑上,不仅详细记载了当年"建国寺"建寺的情况,还特别强调了该地是信陵君故宅的历史事实。慧云和尚得知此地有如此非凡的历史渊源,便决意废弃寺名"福慧寺",而用原名"建国寺"。

712年7月,正在寺院建设时,唐睿宗宣诏,不得再建新寺。于是,建设中的建国寺被迫停工了。就在朝廷命官前来拆除寺院时,慧云和尚忍不住在弥勒像前痛哭失声,他焚香祷告说,若与此有缘,当现奇瑞,策悟群心,以保全寺院。

说来也奇怪,弥勒佛像头上忽放金光,照亮了天地。百姓听闻后,都感叹不已,争相前来瞻礼。见此情形,朝廷命官就把实际情况奏报了唐睿宗。

更奇怪的是,唐睿宗也正好梦见了弥勒佛,于是他就下令当地州府官吏不得烦扰建国寺。加之唐睿宗考虑到自己曾经被封为"相王",便下诏改"建国寺"名为"大相国寺",并御书匾额"敕建大相国

司马 在殷商时代就开始设置,主要掌握军政和军赋,在春秋和战国时期沿袭设置。汉武帝时设置大司马,作为大将军的加号,后又作为骠骑将军的加号。隋唐以后为兵部尚书的别称。

汴州 古地名。今开封市,古称梁、汴,又称汴梁,简称汴,河南省辖市,我国七大古都之一。在漫长的历史长河中,开封素以物华天宝、人杰地灵而著称,其政治、经济、文化的发展,不但对中原地区而且对全国曾产生过巨大的影响。

■ 大相国寺大雄宝殿内佛像

寺"，作为他旧封相王的纪念。由于唐睿宗的敕额命名，受到历代帝王的大力崇奉，大相国寺就成为了当时汴州最大的寺院，声名显赫，信徒遍天。

唐代著名书法家李邕在《大相国寺碑》中曾对当时大相国寺的盛况做了如下描述：

> 棋布黄金，图拟碧络，云廊八景，雨散四花，国土威神，塔庙崇丽：此其极也。虽五香紫府，太息芳馨，千灯赤城，永怀照灼，人间天上，物外异乡，固可得而言也。

唐代大相国寺的佛像、碑额、壁画等，被称之为"相国十绝"，这在许多相关典籍中均有记载。其中宋代著名书画鉴赏家和画史评论家郭若虚在《图画见闻志》卷五中有"相蓝十绝"的记载：

壁画 墙壁上的艺术，人们直接画在墙面上的画。作为建筑物的附属部分，它的装饰和美化功能使它成为环境艺术的一个重要方面。壁画为人类历史上最早的绘画形式之一。如原始社会人类在洞壁上刻画各种图形，以记事表情，这便是流传最早的壁画。至今埃及、印度、巴比伦、中国等文明古国保存了不少古代壁画。

《大相国寺碑》，称寺有十绝。

其一，大殿内弥勒圣容，唐中宗朝僧惠云于安业寺铸成，光照天地，为一绝；

其二，睿宗皇帝亲感梦，于延和元年七月二十七日改故建国寺为大相国寺，睿宗御书牌额，为一绝；

其三，匠人王温重装圣容，金粉肉色，并三门下善神一对，为一绝；

其四，佛殿内有吴道子画文殊、维摩像，为一绝；

其五，供奉李秀刻佛殿障日九间，为一绝；

其六，明皇天宝四载乙酉岁，令匠人边思顺修建排云宝阁，为一绝；

其七，阁内西头有陈留郡长史乙速令孤为功德主时，令石抱玉画《护国除灾患变相》，为一绝；

其八，西库有明皇先敕车道政往于阗国传北方毗沙门天王样来，至开元十三年封东岳时，令道政于此依样画天王像为一绝；

其九，门下有瑰师画《梵正帝释》及东廊障日内有《法华经二十八品功德变相》，为一绝；

其十，西库北壁有僧智俨画

陈留 有着悠久的历史和丰富的文化资源。战国时期属郑国，名留地，后被陈国所并，更名为陈留。秦置县，汉设陈留郡，晋朝为陈留国，隋朝为郡，明清为县。1984年建陈留镇。

■ 吴道子（约680年~759年），唐代画家。他从事壁画创作，后以善画被召入宫廷。他擅长佛道、神鬼、人物、山水、鸟兽、草木和楼阁等绘画，尤精于佛道和人物的壁画创作。

《三乘因果入道位次图》，为一绝也。

从以上关于"十绝"的记载，我们可以看到，唐代的大相国寺确实留下了许多文物古迹。

惠云和尚募铸的弥勒佛像是大相国寺最著名的一宝，其金像彩绘是精工妙技为当时绝手的善于装饰彩画的王温所装饰。那时人们称他所装饰的金像彩绘圣容，具有各种大慈大悲的神态，因而被赞为大相国寺的"十绝"之一。

唐代著名雕塑家杨惠之所塑佛像，在唐代与吴道子的画齐名，当时有人称"道子画，惠之塑，夺得僧繇神笔路"。杨惠之在大相国寺净土院大殿所塑佛像，直到宋代尚且存在，有关古籍均有记载。

唐代大相国寺的壁画非常出名，其中有吴道子画的文殊和维摩像，唐代著名画师石抱玉画的《护国除灾患变相》，唐代著名佛像画师车道政画的《北方毗沙门天王》，唐代著名画师环师画的《三乘因果入道位次图》等。

除此以外，唐代大相国寺还藏有不少著名的书画作品，如唐代书法家李邕的墨宝和唐代杰出画家韩幹的画作等，均精美绝伦。

唐代大相国寺所建的佛阁和佛塔等，也非常有名。其中有著名佛阁名叫排云宝阁，别称宝阁、大

■ 杨惠之　唐代著名雕塑家，擅塑罗汉像，首创将人物安排在山石壁上背景中的壁塑样式。他在肖像雕塑上造诣很深，相传他曾为长安著名艺人留杯亭塑像，人们从像的后面就能认出是留杯亭。

车道政　唐代画家，尤其擅长绘画佛像，迹简而笔健。他于713年到741年时受皇命到西域一带传授北方毗沙门天王像的画法技巧，后又在大相国寺作画，他的画堪称一绝。

阁、重阁或后阁，始建于745年，阁高100米，特别雄伟。寺内东西两塔分别名为普满塔和广愿塔，建于唐肃宗至唐代宗年间。

唐代诗人刘商曾以《登相国寺阁》为题，写下了如下的诗句：

> 晴日登临好，
> 春风各望家。
> 垂杨夹城路，
> 客思逐扬花。

唐代大相国寺的建筑，宏伟精美，莫测高深。连后来宋代著名建筑大师喻浩也赞叹备至，自觉无法理解其中的奥妙。他在有关著述中说：

> 每至其下，仰而观焉，立极则坐，坐极则卧，求其理而不得。

刘商 唐代诗人和画家，能文善画，诗以乐府见长。刘商的诗歌作品很多，代表作有《琴曲歌词·胡笳十八拍》。刘商著文之外，爱画松石树木，气度高雅。

唐昭宗（867年~904年），本名李晔，他是一个聪明而又有才能的人，他充分了解阻碍恢复唐朝力量和权威的形势，但是唐朝已经积弱难返，他已回天无力。

■ 大相国寺内石刻

可惜到了唐昭宗年间，一场大火使得大相国寺的山门、佛殿和排云阁等400余间建筑皆付之一炬了。过了不久，高僧贞峻募化修葺，分立十院，逐步恢复了旧貌。

唐代的大相国寺，在

大相国寺香炉

中日佛教文化交流史上占有重要的地位。中国佛教自大相国寺经朝鲜半岛传入日本后，到了隋代双方就开始直接交往。

804年，日本真言宗创始人弘法大师空海随第17次遣唐使赴唐，在长安青龙寺随密宗大师惠果学习密法。后来又在大相国寺得到惠仁大师的密法传承，并留有描述寺院面貌的笔记。

空海回到日本后，不仅开创了日本佛教东密一派，而且用汉字草书的偏旁，参照梵文音符，制成了《伊吕波歌》，成为日文字母的创始人之一。

空海在我国学习佛法和文字，在中日佛教文化交流史上起到了重大的桥梁作用。他描述当时大相国寺面貌的日记，使得当时日本信徒对我国开封大相国寺有了较为清楚的认识。

大相国寺经过唐代多次修建，寺宇宽广，风景优美，是历代文人学士的去往之处。寺内高僧辈出，香火繁盛，为历代帝王所重视，因此后来便被开辟为重要仪式的举行之地。

在后周时期，大相国寺又在寺院的菜园地上建立了"天寿寺"，后来又改名为"东相国寺"。

据有关史料记载，五代时帝王在大相国寺举行的重要仪式主要有3个方面：

一是对天地的祈祷。937年—946年间，后晋皇帝先后前往大相国寺祈雪和祈雨。

二是为君主生日祝寿祈祷。908年，梁太祖朱温的生日就是在大相国寺设斋祝寿祈祷的。此后相沿成例，每逢君主生日，大都要到大相国寺设斋祝寿祈祷。

953年，周太祖郭威生日时也在大相国寺设置道场，并规定，中书之下等官员与文武百官共设一斋，枢密使与内诸司使副等官员共设一斋，侍卫亲军马步督军指使以下官员共设一斋。

三是为君主忌日行香。自唐代中期，每逢君主的忌日，文武百官都要到大相国寺行香，而且形成了定例。到了五代，当时的皇帝仍沿用了这个旧习。

据历史文献《五代会要》记载，940年正月，御使中丞窦贞固奏报皇帝，每遇到国忌就应行香，他请求宰相以下官员都应下跪行香，文武百官要依照官职大小依次行香，还要让官员们行香之后要学着僧人吃斋饭。

阅读链接

在唐朝，刚刚出道的画家吴道子在老师的大力引荐下来到了大相国寺。老方丈同意让吴道子在寺内画一幅壁画，但吴道子深感在人才济济的大相国寺留墨非同一般，数月下来竟没敢动一笔。

有一天夜里，在月光下踯躅的吴道子忽然看见了自己飘动的影子。他抬头仰望苍穹，只见当空的明月正射出万道光华。此时，吴道子的神思喷涌而出。他快步跨入大殿，在壁上一挥而就。

第二天清晨，老方丈与众僧进殿，忽然感觉凉风习习，定睛一瞧才发现，这风竟然是《文殊维摩菩萨像》画中菩萨的衣带所生。老方丈不禁惊呼："真乃神来之笔，吴带生风。"吴道子因此画名扬天下，遂被誉为"画圣"。

进入空前的鼎盛时期

从唐朝至五代，大相国寺一直被历代君王所关注，这些皇帝要么为大相国寺题写匾额，要么把大相国寺作为重要仪式的举行之地。到了宋代，作为京都最大的寺院，宋代君王对大相国寺也倍加重视。

从宋太祖赵匡胤起，大相国寺就成为我国历史上第一座"为国开堂"的皇家寺院，不仅寺内各院住持的任命和离职，都要由君王颁发圣旨允准，就是每逢住持就职，朝廷都会派钦差去降香。

962年，大相国寺失火，院房被焚数百间。宋太祖知道后，

■宋太祖（927年~976年），本名赵匡胤，北宋王朝的建立者。他在位16年，加强了中央集权，提倡文人政治，开创了我国的文治盛世。他是一位英明仁慈的皇帝，是推动我国历史发展的杰出人物。

立即出资进行了大规模重修。在宋真宗时，朝廷将唐代时期修建的排云阁改名为资圣阁，前代遗留下来的维修工程也陆续竣工，大相国寺逐渐趋于完备。到宋神宗时，扩建后的大相国寺占地达到545亩。

在宋神宗时期，神宗皇帝下诏辟相国寺六十四院为二禅八律，以慧林、智海法师为东西禅院的住持，大相国寺从此进入了空前的繁荣时期。寺内寺产富足，寺藏之充裕大大超过前代。

960年至1068年，宋太祖和宋真宗先后两次从外地调来1000尊罗汉像，扩充到大相国寺。宋仁宗时修建了仁济殿，并往殿内安放了一具针灸铜人。宋英宗时大相国寺又建造了三朝御制佛牙赞碑。

据有关史料的大略统计，那时的帝王和皇后每年莅临寺院达100余人次以上，而侍臣相随参与活动则不计其数。活动内容分为观赏、巡视、祈福，君王和皇后生日庆贺或忌日行香、疾病祈祷、群臣宴会以及与僧人谈禅论道等多个方面。

君主参加典礼，一般都由词臣撰写斋文。宋代著名文学家范质、欧阳修、苏轼和范仲淹等均有关于大相国寺的斋文传世。

在北宋时期，大臣名士几乎无不前往大相国寺。如名相赵普、寇准等都曾在寺内卜肆算卦。北宋宰相蔡京在京都退休后，盛暑的时候就常去寺内资圣阁下乘凉。大将军狄青任枢密使时，为了防范大相国寺遭

■ 宋真宗（968年~1022年），本名赵恒，在位26年。1004年，辽国入侵，宋朝战胜了辽国，但因真宗惧怕辽的势力，便订立了澶渊之盟，每年向辽进贡大量金银。此后，北宋进入了经济繁荣期。

宋神宗（1048年~1085年），本名赵顼，他即位后由于对疲弱的政治深感不满，他就重用宰相王安石推行变法，以期振兴北宋王朝。但是由于改革操之过急，最终以失败收场，不过宋神宗还是维持了新法将近20年。

■ 寇准（961年~1023年），曾任北宋宰相，他为人刚直，因多次直谏，渐被皇帝重用。后因参与宫廷权力斗争，被人排挤。他著有《寇莱公集》。

《东京梦华录》是宋代文学家孟元老的笔记体散文，所记的大多为1102年至1125年间这一历史时期居住在北宋京都开封的王公贵族和庶民百姓的日常生活情景。本书共10卷，约3万字。

受火灾，连家都搬到了大相国寺，这事在当时的京都广为人知。

在唐代的基础上，寺内的壁画数量大增，更加精美，这里成为了中外文化交流的活动中心。宋人宋白赞叹大相国寺全盛时期的盛景时描述道：

千乘万骑，流水如龙，构此大壮，宜扬颂声；金田宝刹，万祀千龄，金碧辉煌，云霞失容。

据宋代文学家孟元老的笔记体散文《东京梦华录》记载：

大殿两廊，皆国朝名公之笔；大殿朵廊，皆壁隐楼殿人物，莫非精妙。

那时，知名的画家高益、燕文贵、高文进及李象坤等人，都对大相国寺进行过题画。

宋代画家高益擅长绘画座神和蕃马，他画的蕃马身材肥瘦，马蹄印稀疏，都特别传神，很有气势。大相国寺的旧壁画，基本上都是高益所画。他的壁画如《南国斗象》《卫士骑射》《蕃汉出猎》等都流传到了后世。

宋代画家燕文贵曾经在开封卖画，在他等待皇帝诏命时，高益发现了他的画，特别钦佩燕文贵，于是推荐燕文贵去大相国寺作壁画。燕文贵所画的山水，大多是北方大河，而岸边水渚多画台榭相接，景致优美，灵活多变，人称"燕家景致"。

宋代画家高文进的《大降魔变相》被后人称赞为"奇迹"。高文进曾奉命修复大相国寺的陈旧壁画，他便用蜡纸摹写旧作笔法再移至壁上，不仅毫发不差，而且气度非凡。

这些画家们所绘画的神佛人物都极为生动，山水方面也称得上是精美绝伦，所以后来有人写诗赞美道：

<blockquote>当时画手合众，得此诚是第一工。</blockquote>

那时，不仅画家跟大相国寺渊源密切，就是宋代的一些新榜

进士 是对我国古代最后一级科举殿试考中者的称呼，意为可以进授爵位之人。俗称"三甲"，其中第一名为状元，第二、三名分别为榜眼、探花。元、明、清时，贡士经殿试后，及第者皆赐出身，称进士。

■ 大相国寺佛塔

■ 黄庭坚塑像

进士也喜欢去大相国寺刻名留念。在大相国寺东南角的普满塔等地，就有新科进士刻石之处。

作为一家有卖书书摊的寺院，大相国寺自然引起了文人骚客的极大兴趣，他们出入其间，寻访一些校勘严密和刻印精美的古籍极品，以汲取丰富的知识养分。

据宋代小说集《曲洧旧闻》记载，宋代著名政治家、书法家、诗人黄庭坚曾在大相国寺内买到学者宋祁的手书《唐史稿》10册，常常在家里细细品读体味，因而文章大进。

宋代金石家赵明诚作为太学生时，他怀揣500文钱，在大相国寺寻访到稀有碑帖，后来编写了《金石录》。

据清代文人郑大谟记述："范仲淹曾读书梁苑香林，即相国寺也。"

从宋真宗到后来的明清时期，许多文人都在大相国寺相互酬唱或独抒胸臆，给后世留下了许多诗作。

在当时，大相国寺的住持基本上都是由皇帝赐封的，可以说是名僧辈出，赞宁、宗本等都是当时名动一时的禅师。

赞宁是佛教史学家，俗姓高，浙江吴兴人，他先

黄庭坚（1045年～1105年），北宋著名诗人、词人和书法家，他是江西诗派的开山之祖。在诗歌方面，他与北宋文学家苏轼并称为"苏黄"；在书法方面，他与北宋书画家米芾、蔡襄和苏轼并称"宋代四大家"；在词作方面，他与北宋文学家、词人秦观并称"秦黄"。

在杭州祥符寺出家，后来又到浙江天台山受具足戒，精研三藏佛经，再往灵隐寺专门学习南山律。

赞宁能言善辩，奔放自如。他擅长诗文，声望极高，被吴越王所赏识，委任他做两浙僧统，并赐他"明义示文大师"的法号。

978年，赞宁以花甲之年奉阿育王寺真身舍利前往开封，宋太宗多次召见了他，并赐给赞宁紫衣袈裟及"通慧大师"的法号，同时还把他纳入翰林院。

后来，赞宁又奉皇帝令回到杭州编纂《大宋高僧传》，历时7年成书30卷。大宋皇帝对赞宁的著作十分褒奖，还命令僧录司将其编入《大藏经》，以供众僧学习。

宗本是江苏无锡人，俗姓官，曾跟从安徽池州的德怀禅师学法，学得了全部密印。宗本早期住在苏州瑞光寺，后在杭州净慈寺出家，带的徒弟众多，影响广泛，曾被浙江万寿、龙华两寺请去交流佛法。据说，在去万寿、龙华两寺的途中，迎接他的僧众多达千余人。

后来，宋神宗召见宗本，令其回答有关政事和经义等方面的问题，见他对答如流，就称赞他是"僧中之宝"。并赐他法号"圆照禅师"，令他在大相国寺慧林院修法。

> 《大藏经》为佛教经典总集，简称藏经，又称一切经，有多个版本，如乾隆藏和嘉兴藏等。按文字不同可分为汉文、藏文和巴利语三大体系。后又被翻译成西夏文、日文、蒙文和满文等，具有广泛影响力。

■ 宋神宗赵顼

■ 宋徽宗 （1082年～1135年），本名赵佶，他在位25年，亡国后被俘并受折磨而死。他自创的一种书法字体被后人称之为"瘦金书"。另外，他在书画上的落款是一个类似拉长了的"天"字，据说象征"天下一人"。

在北宋时，大相国寺不仅是全国佛教中心，也是国际佛教活动中心。每逢海外僧侣来华，皇帝几乎都会下令大相国寺负责接待。许多国外使节来到开封后，一般都会去大相国寺参拜和学习佛法。

在宋太祖时期，出家为僧的印度王子曼殊室利到中国后，曾在大相国寺进行佛事活动，并将大相国寺的盛况写入了他的著作。

1074年，朝鲜使臣崔思训曾带几名画家来我国，将大相国寺的全部壁画临摹回国。在宋徽宗时，徽宗皇帝还将宋太宗写的"大相国寺"匾额赠送了朝鲜使者带回朝鲜。

在中外佛教文化交流方面，除朝鲜外，开封大相国寺和日本京都相国寺也有着深厚的渊源。

在宋神宗时，日本高僧成寻率领弟子7人一行前来我国巡访，宋神宗曾亲自安排他们住在鹤壁太平兴国寺传法院以及开封大相国寺等处。

后来，日本佛教界出于对大相国寺的钦慕，在日本京都也设立了相国寺，并承中土佛教之风，将禅寺中高等级者列为"五山十刹"。

在北宋时期，大相国寺走过了它最辉煌的岁月。但在北宋以后，大相国寺在战火与黄河水患的双重损毁中屡遭摧残，社会地位在南宋时期更是一落千丈。

在1126年，金人两度围攻开封，大相国寺寺院一度被作为招募义勇兵准备抗敌的场所。在金人攻陷开封后，大相国寺又成了啼饥号寒的难民们以财物赎取被金人掠去的家人和亲友的场所，其情形惨不忍睹，人数之众多达数万。

后来，大相国寺再次遭遇水患。明王朝在1406年—1484年间，曾两次进行修缮，并赐名"崇法禅寺"。1537年，资圣阁得到重修。

1553年和1607年大相国寺再次得到重修。如此一来，大相国寺在明朝历代帝王的大力推崇下，规模虽不及宋代，但也处在相对兴盛阶段。

大相国寺的佛事活动相当繁盛，院内"有地藏殿五间，后俱是僧人所居，前后司有：白众"。明末清初人刘昌写道："梵钟之音，远闻数里。黄幡丹幢，臂声而肩载。香宝贾珞，轰击而肩摩。"

在明朝嘉靖年间，大相国寺再次名动天下，且发展到"每日开市"。作为人民交易和娱乐的场所，大相国寺在明代可谓繁盛一时。但到了1642年，由于李自成军攻打开封，官军决黄河企图水淹义军，不料"水自北门入，贯东南门出，奔声如雷，城中百万户皆荡尽"。

大相国寺在这次人为的黄河决口中被大水淹没，"相国鸱吻百人号"，就连寺院的屋头阁顶都成了难民的避难之所。水退后，大相国寺被泥沙淤没。

阅读链接

狄青是北宋有名的"面涅将军"，他英勇善谋，以军功升任枢密副使。后来，京师连降暴雨，闹了水灾，狄青一家便在大相国寺避水。他站在大殿上指挥手下搬运行李，就因为穿了一件浅黄色的袄子，顷刻之间消息传遍了全城，说狄枢密使穿黄衣登大殿指挥士卒了，意思就是狄青要造反了。

随后，狄青被贬到陈州任职，朝廷每月两次派遣中使前去"探望"狄青，其实就是监视狄青的。没过多久，被冤枉的狄青就在陈州郁郁而终了。

清朝重建并复名大相国寺

■ 清世祖（1638年~1661年），即顺治帝，本名爱新觉罗·福临。他在亲政以后，整顿吏治，注重农业，提倡节约，减免苛税，广开言路，网罗人才，他为巩固清王朝的统治作出了巨大贡献。

在清朝时期，顺治、康熙、乾隆和嘉庆等历代王朝先后在前代废墟上重建了大相国寺，其中以乾隆年间修葺规模最大。

1661年，清世祖顺治重建山门、天王殿和大雄宝殿等，还增建了"放生池"，并将明代赐名的"崇法禅寺"复名"大相国寺"。1671年，康熙重修藏经楼，后又陆续增建了中殿及左右庑廊。

1766年，乾隆皇帝亲自批准动用库银一万两，历时两年多，全面整修了寺院的山门、钟鼓楼、接引殿、大殿、罗汉殿和藏经楼以及观音和地藏二阁等建筑。

■ 嘉庆（1760年~1820年），本名爱新觉罗·颙琰，清朝第七位皇帝，也是清军入关以来第五位皇帝，年号"嘉庆"。他面对乾隆末年危机四伏的政局，整饬内政，整肃纲纪。但他对内政的有限整顿，未能从根本上扭转清朝政局的颓败。

据后来开封博物馆收藏的大相国寺和尚性空所绘"相国寺全图"，可以想见当日盛况。乾隆为重修后大相国寺题额"敕修相国寺"的墨迹也保存在开封博物馆。

放生池 佛寺中都有的一个设施，一般为人工开凿的池塘，为体现佛教"慈悲为怀，体念众生"的心怀，让信徒将各种水生动物如鱼、龟等放养在这里。信徒放一次生就积一次德，象征了"吉祥云集，万德庄严"的意义。

在乾隆和嘉庆下令扩建大相国寺，并诏命"恢复旧观，不可图节省"时，主要操办这个事务的阿思含在寺院的西南边修建了一个类似行宫或招待所的"祇园小筑"。"祇园小筑"在当时国内的其他寺院确不多见，它实际就是大相国寺皇家寺院性质的延续。

清朝时期的大相国寺又兴旺了起来，仅常住和尚就有300多人。1819年，大相国寺重修了"智海禅院"，之后道光和光绪年间对大相国寺也进行了修缮。

清代重建后的大相国寺古色古香，金碧辉煌，规模远超于唐宋，但其在一条中轴线上，由南至北，依次建有碑楼、天王殿、大雄宝殿、八宝琉璃殿和藏经殿等建筑的格局基本保存了下来。

■ 大相国寺钟楼

■ 大相国寺天王殿

三门 又作山门，为禅宗伽蓝之正门。三门有智慧、慈悲、方便三解脱门之义，或象征信、解、行三者。三解脱门即：空门、无相门和无愿门。

善财童子 是潜心修行、终成道果的典范。据《华严经》记载：善财童子出生时，家中自然涌现许多珍奇财宝，因而取名为"善财"。但是善财童子看破红尘，视财产如粪土，发誓修行，终成菩萨。

后来，在大相国寺前院东侧还建了钟楼。清朝时期的大相国寺主要建筑有：766年唐代所修的牌楼式山门，后来山门连同门前一对石狮毁于战火。

天王殿亦称二殿、前殿或接引殿。该殿面较为宽阔。五间三门，飞檐挑角，黄琉璃瓦盖顶，居中塑有一尊弥勒佛坐像，慈眉善目，笑逐颜开，坐在莲花盆上。弥勒佛坐像两侧站着四大天王，他们各个圆目怒睁，虎视眈眈，大有灭尽天下一切邪恶之势。

持珠握蛇者为广目天王，他以站得高、看得远而得名；手持红色宝伞者是多闻天王，他以闻多识广著称；持宝剑者是增长天王，他希望世间善良的心、善良的根大大地增长起来；最后怀抱琵琶的是持国天王，他弹奏着八方乐曲，护持着万国和平。

天王殿的后面是"放生池"。佛教本着"平等众生"的护爱之心，提倡放生不杀生。于是，放生池应运而生。为体现佛教"慈悲为怀，体念众生"的心怀，让信徒、香客等人们将鱼、螺蛳和乌龟等各种水生动物放养在这里，借此养护一颗护生的心。

"放生池"是许多佛寺中都有的一个设施。每逢诸佛菩萨的圣诞或是有重要的佛事活动，就会举行放生仪式。信徒放一次生就积一次德，象征了"吉祥云集，万德庄严"的意义。

在"放生池"前有一座重达5000余千克的铁质"万年"宝鼎。寺院放置宝鼎的意义在于：祝愿国家国运昌隆，期望佛法如同国家和宝鼎一样驻于世间。

宝鼎上下共6层，寓意分别是：一层天地同流，二层戒香芬郁，三层永镇山门，四层普薰法界，五层香烟缥缈，六层云气升腾。

大雄宝殿位于天王殿的北边，是赫赫有名的大相国寺的正殿，重檐斗拱，雕梁画栋，殿顶用黄绿琉璃

佛法 佛所说之教法，包括各种教义及教义所表达之佛教真理。又佛法为佛教导众生之教法，亦即出世间之法；对此，世间国王统治人民所定之国法，则称为"王法"。佛所得之法，即缘起之道理及法界之真理等；又佛所知之法，即一切法；以及佛所具足之种种功德，均称佛法。

■ 大相国寺大雄宝殿

■ 大相国寺八角琉璃殿

瓦覆盖，金碧交辉。大雄宝殿的周围有青石栏杆，栏杆上雕刻着几十头活灵活现的小狮子。

在大雄宝殿内供奉有释迦牟尼、阿弥陀佛、药师佛和三世佛，均高4.3米，其后是大型雕塑海岛观音，取材于《华严经》善财童子的故事，形象地表现出南海观音普度众生的场面，东西两壁供奉的是十八罗汉。

罗汉殿在大雄宝殿旁边，它的结构特别奇特，是八角回廊式建筑，俗称"八角琉璃殿"。罗汉殿占地828平方米，由游廊殿、天井院和中心亭3部分组成，殿顶均为绿色琉璃瓦。

游廊殿平面为八角形，占地533平方米，高10.13米，八角飞檐。游廊廊沿有24根木柱，东西南北各有殿门和8级石阶。游廊殿四周塑有释迦牟尼讲经会佛雕，佛像造型生动，雕刻精美。

天井院内八角亭突起，高20.54米，重檐八角攒

铃铎 乐器名；也叫作"手铎""风铎""檐铎"。它起源于印度，是真言宗、天台宗的呗器。我国寺院悬于塔檐殿角的"风铃"，也属于铃铎。在佛教中，供"铃铎"于塔庙，世世得好音声。

尖顶，其巅覆以铜色小塔。飞挑的八角，与游廊殿飞檐为同一走向。檐部殿角各悬铃铎，每当轻风吹拂，叮当作响。

罗汉殿内回廊中有大型群像"释迦牟尼讲经会"，五百罗汉姿态各异，造型生动，他们或在山林之中，或在小桥流水间，或坐或卧，或仰头，或俯首，形态逼真，情趣无限，堪称艺术杰作。

在罗汉殿中间有一木结构八角亭高高耸立，八角亭内有一尊四面千手千眼观音木雕像，全身贴金，高6.6米，精美绝伦，巧夺天工，是乾隆年间一位民间艺人用一棵完整的白果树雕刻而成的。

据专家推断，这棵白果树有上千年的树龄，整座雕像四面相同，共有大手和扇面小手1048只，手姿各不相同，每只手心都雕有一只眼睛，民间俗称"千眼

编钟 是我国古代的一种打击乐器，主要是用青铜铸成，它由大小不同的扁圆钟按音调高低的次序排列悬挂在一个巨大的钟架上，用"丁"字形的木槌和长形的棒分别敲打铜钟，可以演奏出美妙的乐曲。

■ 大相国寺罗汉殿

千手佛"。

藏经楼位于整个寺院的后半部,是大相国寺最高的建筑。藏经楼高大雄伟,气势不凡,其垂脊挑角处皆饰以琉璃狮,且下悬风铃,风吹铃响,如奏编钟,十分悦耳动听。

藏经楼面阔5间、进深5间,高20.98米。藏经楼共两层,上为藏经库,下为讲经堂。

藏经楼前有站台一方,楼门前置石狮一对。讲经堂悬名家书画,置古典式红木坐椅,环境古朴典雅。讲经堂檐下所悬篆书匾额"藏经楼",白底黑字,结构严谨,笔力遒劲,为不可多得的匾额书作,相传为清代书法家孙星衍遗墨。

在大相国寺寺内东角有个钟楼,钟楼内悬铜铸巨钟一口,为1768年所铸,高2米多,重5000多千克。钟上铸有"皇图巩固,帝道遐昌,佛日增辉,法轮常转"16字铭文。

据传说,每日四更大相国寺寺钟即鸣,人们听到钟声就纷纷起床上朝入市。虽经风、雨、霜、雪从不间断。每当清秋霜天时击撞此钟,钟声悠扬,传得最远,故"相国霜钟"闻名遐迩,成为开封八景之一。

阅读链接

传说,古代有一位明君,身患重病,敌国趁机进犯,举国不安,而众医又久治不愈,形势十分危急。有一个仙人下凡,路过此地,指点说只有亲人的双手双眼作"药引子",才能治愈国王的病。

国王的三公主深明大义,毅然为父王献出了生命。佛祖深为感动,特封她为"千手千眼观音",专为万民除灾解难,百姓拥戴三公主,为其塑金身,香火不断。

峨眉第一寺 报国寺

峨眉山报国寺位于四川峨眉山麓,是1615年由明光道人募捐建造。寺院坐西向东,朝迎旭日,晚送落霞。前对凤凰堡,后倚凤凰坪,左濒凤凰湖,右挽来凤亭,恰似一只美丽、吉祥,朝阳欲飞的金凤凰。

报国寺寺周楠树蔽空,红墙围绕,伟殿崇宏,金碧生辉,香烟袅袅,磬声频传。这里是峨眉山的第一座寺庙,是峨眉山佛教协会所在地,也是峨眉山佛教活动的中心。

因康熙御题匾额而扬名天下

1615年，明光道人用募捐所得钱财，在伏虎寺右的虎头山下，在与伏虎寺隔溪相对的地方，开始修建寺庙，寺庙修建成功后，取名为"会宗堂"。

在寺院的山门前，有一对雕刻的石狮，守护着这座名山宝刹。

寺中供奉着普贤、广成和楚狂3位仙人，是取三教会宗之义，因此将寺庙取名为"会宗堂"。会宗堂的建立，说明了峨眉山儒、释、道三教的融洽。

■ 老子 本名李耳，是我国古代伟大的哲学家和思想家、道家学派创始人，被唐朝帝王追认为李姓始祖。老子是世界文化名人，他存世有《道德经》，其作品的精华是朴素的辩证法，主张无为而治，其学说对中国哲学发展具有深刻影响。在道教中老子被尊为道祖。

■ 孔子（前551年~前479年），春秋末期的思想家和教育家，儒家思想的创始人。孔子集华夏上古文化之大成，在世时已被誉为"天纵之圣""天之木铎"，是当时社会上的最博学者之一。他被后世统治者尊为孔圣人、至圣、至圣先师和万世师表，被联合国教科文组织评选为"世界十大文化名人"之首。

据传说，3位仙人与峨眉山都有关联。佛教里的普贤菩萨，他的道场在峨眉山；道教里的神仙广成子，他是道家学派创始人老子的化身，曾在峨眉山授过道；儒教的代表是楚狂，楚狂字接舆，和春秋儒家创始人孔子同时代，楚王曾请他去做官，他却装疯不去，后来隐居在峨眉山。

在那时，寺中有明代大瓷佛、华严铜塔和大钟。在七佛殿后，有一座明代时期在江西景德镇烧制而成的大瓷佛像，高2米多，形态生动大方，佛像底座为千叶莲花，佛身披着千佛莲衣，暗含"一花一世界，千叶千如来"的佛像经义。这尊瓷佛体量高大，比例均称，线条优美，光彩熠熠。

坐落在大雄宝殿后面平台上的华严铜塔又叫"紫铜华严塔"，是铜塔中的珍品。华严铜塔铸造于明代时期，高7米，塔身分上、下两部，每部各铸七层楼阁，全塔共分14级。塔身铸有4700多个各具神态的精美小佛像，塔周刻有《华严经》全文，故名"华严塔"。华严铜塔铸工精细，佛像历历在目，字迹清晰可见，是我国最大的铜塔。

儒教 是我国传统的国家宗教，也是我国传统文化的神经和灵魂。儒教以春秋末期的思想家和教育家孔子为先师，倡导王道德治、尊王攘夷和上下秩序。由于我国传统文化绵延，儒教在数千年的演变中不断地得以发展。

■ 报国寺的匾额

大钟悬挂在寺内对面小山上的圣积晚钟亭内，名叫"莲花铜钟"，铸造于明代时期，钟高2.8米，钟唇直径2.4米，重10000多千克，称为"天府钟王"。

钟体上铸造了晋、唐以后历代帝王和与峨眉山有关的文武官员及高僧名讳，有捐赠铸造铜钟的信众姓名，并刻有《阿含经》经文和佛偈，以及刻有《洪钟疏》铭文等，共6万多字。

大钟原挂在圣积寺，圣积寺毁后，大钟才移至此寺的。因圣积寺铜钟的钟声清越，远播数里，回荡于山林旷野之间，使人顿忘俗念，所以有诗写道：

> 晚钟何处一声声，
> 古寺犹传圣积名。
> 纵说仙凡殊品格，
> 也应入耳觉心清。

因而大钟又名"圣积晚钟"。

在清朝顺治期间，闻达和尚将会宗堂迁到后来的峨眉山山麓，并重建了会宗堂。后又经两次扩建，成为五重殿宇、亭台楼阁俱全、布局典雅的宏大寺庙。

铭文 又称金文、钟鼎文，铜器研究中的术语。本指古人在青铜礼器上加铸铭文以记铸造该器的原由、所纪念或祭祀的人物等，后来泛指在各类器物上特意留下的记录该器物制作的时间、地点、工匠姓名、作坊名称等的文字。

圣积寺 古名慈福院，位于峨眉城南2.5千米处，为入山第一大寺，环境幽古。寺内文物众多，以普贤骑象铜像、八卦铜钟和铜塔等最著名。

1703年，清朝康熙皇帝根据佛经"四恩四报"中"报国主恩"之意御题"报国寺"，然后由大臣王藩手书匾额。

据传说，报国寺在叫"会宗堂"时，寺里的和尚都是姓乾的出家人。其中，俗名乾林州的和尚，聪明好学，口齿伶俐，深受长老赏识，长老就敕给他法号"得心"，安排他管理一些佛事，并准许他去藏经楼阅读经书。

要是在以往，按规定别说在藏经楼里翻阅经书，就是每次借阅也只能一本，而且还要还了才能再借。但长老恩准得心可进藏经楼随便翻阅，可见长老对得心的器重。得心不负长老厚望，很快便把藏经楼的经书烂熟于心了。

有一天晚上，做完晚间佛事，长老刚刚回禅堂坐下，得心小和尚就走了出来，不停地夸赞道："师父治庙有方，全寺人财兴旺，庙壁辉煌，处处丁是丁，

> **匾额** 是我国古建筑的必然组成部分，相当于古建筑的眼睛。用以表达经义、感情之类的属于匾，而表达建筑物名称和性质之类的则属于额。作装饰之用，反映建筑物名称和性质，表达人们义理、情感之类的文学艺术形式即为匾额。

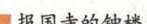
■ 报国寺的钟楼

> 《岳飞传》再现了一代民族英雄北宋抗金名将岳飞在宋金战争中的英雄故事,从而展现了岳飞精忠报国、壮志未酬的英雄气概,令中华后人万分景仰。

卯是卯,敬香者千千,朝佛者万万,随喜功得,开支不竭,前景辉煌。"

长老想这些年间本寺变化确实很大,不仅藏经楼的经书多了几倍,庙上的存钱也不少。长老特别开心,就想与其把钱存着,倒不如把会宗堂装修一番,弄得富丽堂皇些,再请皇上敕个庙名,这会宗堂不就流芳百世了吗?

不到一年,会宗堂果然焕然一新。长老亲笔起草,向康熙皇帝禀报了会宗堂的人事和佛事,并特别说明了会宗堂的兴旺发达是因为在这里出家的和尚一直都是乾姓人家的缘故,且香火繁盛有加,请皇上御题"会宗堂"3字。

康熙皇帝收到长老信函时,他正好在翻阅《岳飞传》,便说:"你看,一个老妪都知道教儿子报效祖国,我们还在那儿'会宗'!"

内务大臣接过《岳飞传》,果然有岳母在岳飞背上先写"尽忠报国"4个字,然后用绣花针刺,刺完将醋墨涂上,这样永远不褪色的一段,便笑道:"请皇上御题一名,也不辜负老僧心愿。"

一个月后,长老收到康熙题写的"报国寺"3个字,字体苍然遒劲,潇洒自如,墨色苍润,灼灼闪光,字字传神,耐观耐赏。为啥不是"会宗堂"3字呢?长老疑惑不

■ 岳飞塑像

解，面带微笑，心里不悦。

之后不久，长老收到朝廷内务大臣的来函。信函说：

> 这寺庙怎能以一姓出家为僧，一国都要以百姓为家；若如此，全国寺庙效之，岂不使百姓之间呈现内拱状？

从此，报国寺收僧不再讲究姓氏，凡是对佛虔诚，愿意皈依佛教的皆可收下。这样一来，由于康熙御题"报国寺"匾额的事，报国寺从此名扬天下。

后来，报国寺历经数次修葺，寺院得以完整保存下来。1983年，峨眉山的报国寺、万年寺、洪椿坪、洗象池和金顶等5座寺院被国务院确定为全国重点寺院。报国寺成为峨眉山的第一大寺院。

后来，报国寺又新建了钟楼、鼓楼、茶园和法物流通处，使报国寺更加庄严。寺内还设有峨眉山文物管理所，收藏各种陶瓷玉石、文献字画、金属器皿和战国时代出土的各种兵器和工器等。

阅读链接

1960年，时任中国佛教协会副会长兼秘书长的赵朴初先生，在峨眉山佛教协会会长普超法师等人的陪同下，先后去了报国寺和万年寺等中低山寺庙，了解古刹管理、佛教活动和僧尼生活等方面的情况。

在这次视察中，赵朴初先生对峨眉山佛教工作和旅游事业的现状甚为满意，对这座天下名山雄秀奇险、气象万千的景色备加赞誉，不禁吟诗多首，并以一词作尾道："天下秀，低首让峨眉。极处赵州登不到，我今亦复半山回，此意几人知？"

雄伟的殿宇与精美的塑像

报国寺占地面积4万平方米,建筑面积达5600多平方米。殿宇结构自然和谐,依次是山门、弥勒殿、大雄宝殿、七佛殿和藏经楼,殿堂倚山势而建,一殿高出一殿。

报国寺的建筑为框架式结构,庭院式布局。殿堂的两侧有僧寮客舍,周围环绕着吟翠楼、待月山房、花影亭和七香轩等庭院园林建

报国寺建筑

筑，布局严谨。

报国寺山门是后来按原貌重建的，面阔5间，高12米，三叠屋顶，飞檐翘角。山门正中间门上悬挂有清康熙皇帝御赐的"报国寺"3字匾额，两边楹联为：

凤凰展翅朝金阙；
钟磬频闻落玉阶。

左右两侧的横匾是：

鹤驻云归；
普放光明。

报国寺第一殿为弥勒殿，殿内供奉着一尊喜笑颜开、袒胸露腹、高约2米的弥勒塑像。"弥勒"是慈悲的意思，他是菩萨，但还没有成佛。菩萨在佛教中的地位仅次于佛。

弥勒后殿供的是彩绘泥塑的韦驮站像，背朝山门，面对大雄宝殿。韦驮是佛教的护法神，身穿胄甲，右手托山，左手按金刚降魔杵，修眉凤眼，双唇紧闭，威武刚强，正气凛然。

报国寺第二殿为大雄宝殿，"大雄"是佛经中说的"唯大唯雄"的意思，殿里供奉着佛主释迦牟尼金身彩饰坐莲像，两旁排列十八罗汉像。

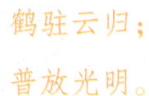 报国寺释迦牟尼佛像

菩萨 指开发大智、大慧、大悲和大愿的有德行、有学养的人。菩萨的地位仅次于佛，是协助佛传播佛法、救助众生的人物。菩萨在古印度佛教中为男子形象，流传到我国后，随着菩萨信仰的深入人心及其对世人而言所具有的深切的人情味，便逐渐转为温柔慈祥的女性形象。佛教雕塑中，菩萨多以古代印度和中国的贵族的服饰装扮，显得格外华丽而优雅。

释迦牟尼是公元前6世纪后期印度迦毗罗卫国释迦部落（今尼泊尔）净饭王的儿子，俗称乔达摩，名悉达多。由于那时社会的动荡和人的生、老、病、死等种种痛苦和烦恼，引起了他的深思，他因而出家修行，寻求解脱。经过6年的苦行，他尝尽了千辛万苦，最后又经过七天七夜的禅思静虑，终于彻悟大觉，成了大佛。

释迦牟尼佛的左龛是泥塑彩绘金身文殊菩萨像。文殊全称为"文殊师利"，意为妙德、吉祥。他是众菩萨之首，是智慧的化身，常协同释迦牟尼宣讲佛法。他和普贤菩萨一起，为释迦牟尼佛的左右胁侍菩萨。

文殊菩萨像旁边有副联语：

智镜高悬施法雨；
慧灯遍照应群机。

这是把"智慧"两字嵌入联中，意思是文殊菩萨用智慧润泽众生。

释迦牟尼佛的右龛是地藏菩萨金身坐莲像。地藏菩萨梵名"乞叉底蘖沙"，译为地藏，佛经中说地藏菩萨受释迦牟尼佛的嘱托，要在释迦牟尼佛圆寂后，弥勒佛降生前的无佛之世留住世间，教化众生，度脱沉沦于地狱的饿鬼与畜生诸道中的众生。他发誓：

■ **地藏菩萨** 或称地藏王菩萨，因其"安忍不动如大地，静虑深密如秘藏"，故名地藏。为我国佛教四大菩萨之一，与观音、文殊、普贤一起，深受世人敬仰。

胁侍菩萨 指修行层次最高的菩萨，其修行觉悟仅次于佛陀或等同于佛陀。在没有成佛前，常在佛陀的身边，协助佛陀弘扬佛法，教化众生。

"地狱未空,誓不成佛。"

在地藏菩萨旁边有副对联充分赞颂了他度脱沉沦的坚定决心与伟大精神:

圣愿宏深,欲使出冥清罪案;
迷途觉悟,难教沉溺负慈恩。

大雄宝殿殿内左右两厢供奉着十八罗汉。十八罗汉是释迦牟尼佛的得道随行弟子。后龛内供的阿弥陀佛像,阿弥陀佛又称"接引佛"和"无量寿佛",是西方极乐世界的教主。

此外,大雄宝殿里还保存有紫铜华严塔。还陈列有历代著名书画家的书画,如元代著名画家赵孟頫的条幅,还有后来著名画家徐悲鸿的花鸟、齐白石的芋头、张大千的墨禾、日本人松涛的山水画作等,都独具风格。在大雄宝殿右面陈列室展出有峨眉山附近如符溪、双福等地出土的春秋战国时期的铜器、铜矛、铜镞兵器等文物。

报国寺的第三殿为七佛殿,高大宏伟,内外木石雕刻精巧细腻,石栏上雕刻的人物和柱础上的透雕,生动美观。

七佛殿内正中供奉着7尊大佛,都是泥塑丈六金身,端坐莲台,神态庄重。中间一尊为释迦牟尼佛,其余6尊为过去佛,从右至左依次为:南无拘留孙佛、南无拘那含牟尼佛、南无迦叶佛、南无毗舍佛、南无尸弃佛和南无毗婆尸佛。

■ 阿弥陀佛 又称无量清净佛、无量光佛和无量寿佛等,是佛教中在西方极乐世界的教主,与观世音菩萨、大势至菩萨统称为西方三圣。

■ 四川峨眉山大象

六道 佛学术语，指有情生活、轮回于其中的6个界别，即：一、天道，二、阿修罗道，三、人道，四、畜生道，五、饿鬼道，六、地狱道。无论善恶，一切处于分段生死的众生，都在这六道中轮回。

金童 指侍奉仙人的童男。按道教的说法，凡神仙所居洞天福地，皆有金童玉女伺候。所谓金童玉女，就是指道家说的供仙人役使的童男童女。

七佛皆结跏趺坐莲台，体态匀称，庄严肃穆，乍一看似乎形态都一样，细细审视，表情各有变化，惟肖惟妙。

佛教造像中，还很讲究手的刻画和塑造。手有各种姿势，佛教称为"印相"。其中释迦牟尼佛右手举至胸前，拇指与中指相捻，其余三指自然舒展。这一手印象征佛在说法，称为"说法印"。

其他6尊佛的双手，仰放下腹前，右手置于左手上，两拇指的指端相接。这种手印则表示"禅思"，使心安定，叫"法界定印"。体态、手势和面部表情，都体现了佛的智慧、人格和道德皆完美无缺与至高无上。

在七佛莲台下，还塑画着一些类似"小鬼"的像，说是有两种解释：

其一，莲台又称"金刚座"或"须弥座"，意思是佛的法座像"须弥山"那样高大、坚实，座下塑造的是"金刚力士"，肌肉发达，面部狰狞，对邪恶能起震慑作用。

其二，释迦牟尼佛在度"六道"时，拯救出来的饿鬼，他们为了报答佛恩，蹲在金刚座下，听经护座。

在七佛殿左壁上挂有"七佛偈"的木屏4条，是北宋著名诗人和书法家黄庭坚的书法作品。

在七佛殿后，以观音菩萨塑像为主，结合历史故事和民俗文化，塑造了一组群像。观音又叫观世音，与大势至菩萨一起，是阿弥陀佛的胁侍菩萨。

佛经上说，观世音菩萨能显现多种化身，说法救度众生。他右手举着柳枝，左手倾倒净瓶，亭亭玉立龙头之上，左右金童玉女，飘然立于荷叶之上。

金童旁是戎装裹身的三国时期蜀国名将赵子龙的塑像。再旁边为东、南天王，手执着琵琶和宝剑。玉女旁是美髯飘拂的三国时期蜀国名将关云长。再旁边为西、北天王，分别执伞和握蛇。

另外还有"罗汉伏虎""蒲公采药"等塑像，其中最高处是"唐僧师徒取经像"。

群像右侧还有一龛，供奉着汉白玉雕刻的药师佛坐莲像。药师佛又称大医王，他是"东方净琉璃世界"的教主。

相传他在成佛时曾发下十二大誓愿，愿除一切众生疾苦，治无明痼疾，令一切众生身心安乐。

在七佛殿附近，除闻名遐迩的紫铜华严塔外，还有铜制巨钟一个和大瓷佛像一尊，它们都是报国寺最珍贵的文物。

报国寺的最后一殿是藏经楼，又名普贤殿。普贤殿楼前悬挂有"藏经楼"3字匾额，为清末诗人赵熙手书。殿中供奉着普贤菩萨。

普贤菩萨梵语为"三曼多跋陀

> **赵熙**（1867年～1948年），世称"晚清第一词人"。他精于写诗，擅长书法，也喜欢作画，还时常写些戏词，深受百姓喜爱。直到现在，在四川民间仍流传有"家有赵翁书，斯人才不俗"的谚语。

■ 峨眉山金顶四面佛

报国寺美景

罗",就是普遍贤善的意思。普贤因广修"十大行愿",又称"大行愿王"。"愿"就是指理想,"行"就是指实践。

峨眉山是普贤菩萨的道场,所以将他供于最后一殿。普贤殿殿门上写着:

金粟庄严便是菩萨住处,
昙花灿烂照彻纳子爱心。

普贤殿楼上为"藏经楼",是保存经卷的地方。楼中藏有佛教经典和古今名人的墨迹。

阅读链接

传说清朝顺治皇帝出家当了和尚,他的儿子康熙派人四处寻找父亲。1702年,康熙钦派大臣葛哈齐、头等侍卫海清、乾清门头侍卫五哥、兵部员外郎德其内等人,到峨眉山报国寺降香,并颁赐皇帝御书匾联与经器。

相传后来康熙皇帝还装扮成四大臣的"随从"亲自来峨眉山寻找父亲,见峨眉山报国寺一带景色秀丽,如世外桃源,康熙当时深感"会宗堂"应继续发扬光大报效国家,便特意亲题了"报国寺"金字匾额。

灵山圣地 北京三山宝刹

老北京俗称"三步一庙,七步一寺",据《北平庙宇通检》载,北京旧城内和近郊区有佛寺840多处,但最著名的19座寺庙,就是"八刹三山"了,在"八刹三山"中,"三山"指的是潭柘寺、戒台寺和云居寺。

潭柘寺地处北京门头沟东南部潭柘山麓,建于西晋;戒台寺位于北京门头沟马鞍山麓,建于隋开皇年间;云居寺位于北京房山白带山西南麓,建于隋大业年间。这3座寺庙很早就是北方佛教圣地,有着悠久的历史文化和大量的文物古迹。

潭柘山麓的潭柘寺

潭柘寺，位于北京西部门头沟区东南部的潭柘山麓，始建于西晋时期的307年，是北京最古老的古寺。

潭柘寺建寺之初，规模不大，名叫嘉福寺。当时佛教还未能被民

▇ 潭柘寺牌坊

■ 潭柘寺牌坊

间所接受，因而发展缓慢，后来竟然逐渐破败。

唐代武则天执政时期，佛教华严宗高僧华严和尚来幽州开山建寺，"持《华严经》以为净业"，潭柘寺就成为了幽州地区第一座确定了宗派的寺院。

关于"潭柘寺"的寺名，还有这样一个传说：

当年佛教华严宗高僧华严和尚居住在幽州城北，"其所诵时，一城皆闻之，如在庭庑之下"。很多信徒踊跃捐助，助其在幽州开山立宗。所以，华严祖师就去找当时的幽州都督张仁愿，向其求建寺之地。

张仁愿对华严祖师说："和尚想要多少土地，地址可曾选好？"

华严祖师就带着张仁愿，来到了潭柘山嘉福寺附近西坡姜家和东沟刘家的土地。张仁愿对华严祖师说："这是有主之地，我也不好擅自做主。这样吧，我把姜姓和刘姓地主一起叫来协商。"

姜、刘两位本不想给，但看在张仁愿的面子上，

张仁愿（？~714年），原名仁亶，唐朝宰相、名将。文武全才，曾任殿中侍御史，后任肃政台中丞，检校幽州都督，兼任并州大都督府长史。唐中宗继位后，他授左屯卫大将军、检校洛州长史，但不久又被任命为朔方军大总管，沿黄河北岸修筑3座受降城，向北拓地300余里。

潭柘寺观音洞

对华严祖师说:"和尚想要多少土地?不可太多,太多的话我们以后就没有饭吃了。"

华严祖师知其俱是当地数一数二的大地主,便取出自己的毯子对二人道:"不多不多,两位施主可否割这一毯之地与我?"

姜姓和刘姓地主一看只有锅盖大的一块毯子,忙不迭地答应,并且请张仁愿做中人。

华严祖师见张仁愿答应了做中人,就把手中布毯往空中一抛,只见布毯在空中越来越大,且迟迟不落地。吓得众人目瞪口呆。

不一会,布毯已经大到遮天蔽日,两地主面如土色地喊:"够了,够了!请大师慈悲,不要让它再大了!"

华严祖师含笑看了二人一眼,说了一声:"落!"于是毯子就落了下来,直直盖住了好几座大山。

张仁愿对两人道:"这一毯之地就让与华严大师,二位可不要反悔。"

二人一看真佛在此,哪敢反悔。于是华严祖师就在此地以破败了的嘉福寺为中心,修筑殿宇,扩建寺院。

在当时，寺院后山有两股丰盛的泉水，一眼名为龙泉，一眼名为泓泉，两股泉水在后山的龙潭合流后，流经寺院，向南流去，不仅满足了寺院日常的生活用水，而且还能灌溉附近大片的土地农田。因此，华严祖师命名此寺为"龙泉寺"。

华严祖师以一毯之地建寺的大神通却广为流传，当地人都私下称此寺为"毯遮寺"，后经千年，"毯遮寺"就逐渐演变为"潭柘寺"。

唐代会昌年间，唐武宗李炎崇信道教，潭柘寺也因此而再度荒废。

五代后唐时期，著名的禅宗高僧从实禅师来到了潭柘寺，铲除荒夷，整修寺院，才使潭柘寺重又繁盛了起来，"师与其徒千人讲法，潭柘宗风大振"。当时的潭柘寺也从此由华严宗改为禅宗。

辽代时期，由于幽州地区律宗大盛，而禅宗则发展缓慢，潭柘寺的香火衰微。到了金代，禅宗在中都地区有了很大的发展，潭柘寺先后出现了数位禅宗大师，大大提高了寺院的声誉。

1141年，金熙宗完颜亶到潭柘寺进香礼佛，这是第一位到潭柘寺进香的皇帝，亦使后代皇帝争相效仿。这对于进一

从实禅师 我国后唐时期最著名的僧人。他曾在幽州城内的大万寿寺以及潭柘寺内弘扬佛法。据1511年谢迁的《重修嘉福寺碑记》中记载，后唐时有从实禅师和他的弟子约1000人在此地讲法，后来圆寂后，被尊为华严祖堂。

■ 潭柘寺千年古树

步提高潭柘寺的地位，繁盛寺院香火，起到了极大的推动作用。

金熙宗将当时的寺名龙泉寺改为"大万寿寺"，拨款对潭柘寺进行了大规模的整修和扩建，开创了皇帝为潭柘寺敕名和由朝廷出资整修的先河。

金大定年间，皇太子完颜允恭代表其父金世宗完颜雍到潭柘寺进香礼佛，当时的住持僧重玉禅师为此特写下了《从显宗皇帝幸龙泉寺应制诗》，记述了当时的盛况。后于1194年镌刻成碑，立于寺中，镶嵌在金刚延寿塔后边地阶的崖壁上。其诗写道：

一林黄叶万山秋，銮仗参陪结胜游。
怪石阑珊蹲玉虎，老松盘曲卧苍虬。
俯临绝壑安禅室，迅落危崖泄瀑流。
可笑红尘奔走者，几人于此暂心休。

从诗碑的内容上看，当时的潭柘寺已经相当繁盛，自然景色十分

观音求子洞

优美。诗碑为研究潭柘寺在金代时的历史状况,为研究金代的历史提供了宝贵的文字资料和实物佐证。这块诗碑是潭柘寺的宝贵文物,而且非常有名,历史上被称为"金代诗碣"。清代编写的《潭柘山岫云寺志》中也记载了这首诗,名为《从显宗幸潭柘》,此外文字上也略有不同。

在金代,潭柘寺禅学昌盛,其代表人物是临济宗大师广慧通理禅师开性。开性是北京怀柔县人,9岁时在潭柘寺出家,拜戒振禅师为师,学习禅宗中临济宗佛学。后来云游辽东和齐鲁等地,遍访名山古刹,向各地高僧学习佛法,归来后在马鞍山竹林寺弘扬禅学。

■ 潭柘寺千佛殿佛像

大定初年,潭柘寺的善海禅师带领僧众来到竹林寺,恭请开性回潭柘地任住持。开性任住持期间,在朝廷的资助下,对潭柘寺进行了长达11年的大规模整修和扩建,使潭柘寺的殿宇堂舍焕然一新。

潭柘寺的禅学从此中兴,开性也成了金中都地区公认的禅宗临济宗的领袖,使潭柘寺成为了临济宗的中心寺院。开性终老于寺中,圆寂后被佛门尊为"广慧通理"禅师。

到了元代,元世祖忽必烈的女儿妙严公主到潭柘寺出家,她每日里在观音殿内跪拜诵经,"礼忏观

临济宗 禅宗南宗5个主要流派之一,自洪州宗门下分出,始于临济义玄大师。义玄从黄檗希运禅师学法33年,广为弘扬希运禅师所倡导"般若为本、以空摄有、空有相融"的禅宗新法。这种禅宗新法因义玄在临济院举一家宗风而大张天下,后世遂称之为"临济宗"。

■ 潭柘寺塔林

音",年深日久,竟把殿内的一块铺地方砖磨出了两个深深的脚窝,寺僧称之为"拜砖"。明孝定皇太后曾将此砖镶嵌在一个花梨木匣内迎入大内,后送归潭柘寺,供奉在潭柘寺的观音殿内,成为镇寺之宝。

后妙严大师终老于寺中,其墓塔在寺前的下塔院,是一座砖体僧塔,塔铭"妙严大师之塔",塔为砖砌六面棱柱实体,五层重檐,高约18米,因墓塔曾被盗,几近倾倒,后在塔北建一砖垛,扶正了此塔,这座塔也是潭柘寺中唯一的元代建筑物。

元代末期的元顺帝孛儿只斤·妥懽帖睦尔崇信佛教,特别是对当时名贯京城的潭柘寺极为青睐,元顺帝曾请潭柘寺住持雪涧禅师享用御宴,并且由皇妹亲自下厨,礼遇之高前所未有。

明初时,重臣姚广孝法号道衍,被明太祖朱元璋挑选为高僧,从侍燕王朱棣。朱棣继皇帝位后,封姚广孝为僧录司左善世,庆寿寺钦命住持,后又加封为太子少师,赐名"广孝",仍参与军政大事。

姚广孝功成名就之后,辞官不做,而是到京西的潭柘寺隐居修行,每日里与自己的老友、潭柘寺住持无初德始禅师探讨佛理。在这期间,明成祖朱棣曾到

圆寂 佛教语。梵语音译作"般涅槃"或"涅槃"。谓诸德圆满、诸恶寂灭,以此为佛教修行理想的最终目的。所谓圆寂,具足一切功德为圆,远离一切烦恼为寂,德无不圆,患无不寂。最初这是可以称为一种境界的,后来婉言僧尼死为圆寂。

潭柘寺看望过他。

关于潭柘寺,在北京有一句流传很久的话,叫"先有潭柘寺,后有幽州城",幽州就是古时候的北京,所以后来北京改名,这句话就变成了"先有潭柘寺,后有北京城"。

据说当年明成祖修建北京城时,设计师就是姚广孝。姚广孝从潭柘寺的建筑和布局中获得了不少灵感。北京城的许多地方都是依照潭柘寺的样子修建的,太和殿就是仿照潭柘寺的大雄宝殿而建的,同为重檐庑殿顶,井口天花绘金龙和玺,所不同的是更高大了一些而已。

后来,由于姚广孝奉旨主持编纂《永乐大典》,这才离开了潭柘寺,但其在潭柘寺隐居修行时的住所少师静室犹存遗址。

明代从明太祖朱元璋起,历代皇帝及后妃大多信佛,由朝廷拨款,或由太监捐资对潭柘寺进行了多次整修和扩建,使潭柘寺确立了后世的格局。

在明代潭柘寺是当时对外交流的一个窗口,许多外国人久慕潭柘寺的盛名,而纷纷到此来学习佛法,有的甚至终老于此。其中最著名的有日本的无初德始、东印度的底哇答思、西印度的连公大和尚等人。

姚广孝(1335年~1418年),元末明初政治家、诗人兼高僧,出自显赫的吴兴姚氏。1352年出家为僧,法名道衍,字斯道,自号逃虚子。他是明成祖朱棣自燕王时代起的谋士、"靖难之役"的主要策划者。此外,他在北京城的规划布局及建筑中发挥了重要作用。

■ 潭柘寺禅房

《永乐大典》 编撰于明代永乐年间，初名《文献大成》，全书目录60卷，正文22877卷，装成11095册，约3.7亿字。这一古代文化宝库汇集了古今图书七八千种。是我国最著名的一部古代典籍，也是世界最大的百科全书。

1595年，达观大师奉神宗皇帝朱翊钧之命，任潭柘寺的钦命住持。在此期间，由万历皇帝的母亲慈圣宣文明肃皇太后出资，在达观大师的主持下，对潭柘寺进行了大规模的整修。达观大师与朝廷密切，经常奉诏进宫为皇室讲经说法，从而进一步加深了潭柘寺与朝廷的联系。

明代潭柘寺曾进行了多次大规模的整修和扩建。明宣德年间，"孝诚皇后首赐内帑之储，肇造殿宇"，对潭柘寺进行了整修和扩建。从1438年2月到第二年9月，潭柘寺又大兴土木，在皇室的资助下，扩建寺院，广造佛像。

在此期间，明英宗"诏考戒坛"，奉明英宗之命，在寺内修建戒坛，明英宗赐名"广善戒坛"，越靖王朱瞻墭还在寺内建造了一座高大的金刚延寿塔，1440年，明英宗颁"大藏经五千卷"给潭柘寺。

1497年，司礼监太监戴义出资作为工食费，并奏请明孝宗拨款，对潭柘寺再次进行了整修和扩建。

1507年3月到次年9月，潭柘寺又进行历时一年半的整修，殿庑堂室焕然一新，又增僧舍50余楹，再一次扩大了寺院的规模。

1594年，由明孝定皇太后出资，整修潭柘寺，增添殿宇，并建造了方丈院等房舍80余间。

明代的200多年间，皇帝几次

■ 潭柘寺天王殿弥勒佛像

对寺院赐名,因而寺名几次更改。明宣宗曾经赐名"龙泉寺",明英宗曾经敕改仍名"嘉福寺",但民间仍称其为"潭柘寺"。

1686年,清代康熙皇帝降旨,命阜成门内广济寺的住持僧,著名的律宗大师,与自己相交多年的震寰和尚为潭柘寺的钦命住持。

当年秋天,康熙皇帝驾临潭柘寺进香礼佛,并留住数日,赏赐给潭柘寺御书金刚经10卷、药师经10卷、沉香山1座、寿山石观音1尊、寿山石罗汉18尊。

1692年,康熙皇帝亲拨库银1万两,整修潭柘寺。在震寰和尚的亲自主持下,从这年秋到1694年夏,历时近两年,整修了殿堂共计300余间,使这座古刹又换新颜。

1697年,康熙皇帝二游潭柘寺,并亲手为山门额匾书写了"敕建岫云禅寺"6个楷体大字,寺名遂正式成为"岫云寺"。从此潭柘寺就成为了北京地区最大的一座皇家寺院。

康熙还作有《为震寰和尚题照》诗一首:

法像俨然参涅槃,皆因大梦住山间。
若非明锦当合法,笑指真圆并戒坛。

■ 潭柘寺佛像

震寰和尚 即震寰律师,震寰,名照福,孟姓,是清时潭柘寺钦命重开山第一代住持。最初依延禧寺名驰剃染,受具戒于广济寺的万钟律师,精进潜修,究求律学,声望极高。他深受康熙皇帝的器重,康熙曾3次来到潭柘寺,并作诗称赞震寰律师。

■ 潭柘寺古树

1698年，康熙皇帝为牌楼亲题匾额，并赐给潭柘寺12桶桂花和8杠龙须竹，这就是寺中著名的"金镶玉"和"玉镶金"竹。

1699年，康熙帝命著名的律宗高僧止安律师为潭柘寺钦命住持，并赐给潭柘寺镀金剑光吻带4条，安装在大雄宝殿殿顶上。

据说，康熙帝有一次来到潭柘寺，看见大雄宝殿正脊两端各有一巨型碧绿的琉璃鸱吻，这对鸱吻见了康熙帝，竟然跃跃欲动，大有破空飞走之势。于是康熙帝就命人打造金链将它锁住，而后又在上面插上了一把宝剑。几百年后，这4条金光闪闪的吻带依然完好如初。

清雍正年间，一向深居简出的雍正皇帝也曾专程到潭柘寺进香礼佛。并作有《潭柘寺》诗：

省耕郊外鸟声欢，敬从祇林拥八鸾。
法苑风飘花作雨，香溪水激石鸣湍。
含桃密缀红珠时，嫩箨新抽碧玉竿。
胜地从容驻清跸，慈云镇日护岩峦。

1742年，乾隆皇帝第一次游幸潭柘寺，"赐供银二百金、匾额九、楹联二、诗二、章幅子一轴、珐琅

鸱吻 也叫鸱尾、鸱吻或螭吻，是龙生九子中的儿子之一，好吞食。后来成为殿脊的兽头之形，是用泥土烧制而成的小兽。按照我国五行的说法，鸱吻属水，克火，因而将其放置在屋脊是为了镇免火灾。

五供一堂"。

在潭柘寺，到处都留下了乾隆皇帝的墨宝。如他在《猗玕亭》中写道：

扫径猗猗有绿筠，频伽鸟语说经频。
引流何必浮觞效，岂是兰亭修禊人。

1744年，乾隆皇帝还把御笔《心经》和自己手书的诗篇赐给了潭柘寺。

清代嘉庆皇帝也像其前辈一样，崇信佛教，他也曾到潭柘寺进香礼佛，游玩赏景，曾作有《初游潭柘岫云寺作》五言诗一首：

西山古潭柘，今日径初由。
问景层层妙，入门步步幽。
春辉在峰顶，老树倚阶头。
礼佛参心性，听泉泯去留。
璇题标上界，神物护深秋。
花雨诸天净，圆光万象周。
一宵亦旧业，中道勉前修。
汲汲离佳境，随云出岫游。

潭柘寺经过数次维修和扩建，寺院建筑规模庞大，错落有致。其整体布局严谨有序，不愧为皇家寺院。

潭柘寺坐北朝南，主要建筑可分

止安律师 清朝钦命潭柘寺第二代止安超越律师，名超越，王姓。1675于戒台寺道光和尚座下圆具，1676年任潭柘寺监院。止安律师生平奇迹很多，但他告诫门徒不要向别人提起。他主持寺务不辞辛苦。止安律师于1702病逝，终年61岁。

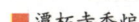
■ 潭柘寺香炉

重檐 在基本型屋顶重叠下檐而形成。其作用是扩大屋顶和屋身的体重,增添屋顶的高度和层次,增强屋顶的雄伟感和庄严感,调节屋顶和屋身的比例。因此,重檐主要用于高级的庑殿、歇山和追求高耸效果的攒尖顶,形成重檐庑殿、重檐歇山和重檐攒尖三大类别。

为中、东、西3路:中路主体建筑有山门、天王殿、大雄宝殿、斋堂和毗卢阁;东路有方丈院、延清阁、行宫院、万寿宫和太后宫等;西路曾有楞严坛、戒台和观音殿等。

此外,还有位于山门外山坡上的安乐堂和上、下塔院以及建于后山的少师静室、歇心亭、龙潭、御碑等。塔院中共有71座埋葬和尚的砖塔或石塔。

山门外是一座三楼四柱的木牌坊,牌楼前有两棵古松,枝叶相互搭拢。牌楼前有一对石狮,雄壮威武。过了牌坊是一座单孔石拱桥,名怀远桥,过桥就是山门。

山门正中券门上方匾额"敕建岫云禅寺"出自康熙之手,山门两侧红墙嵌有醒目大字,左为"佛日增辉",右为"法轮常转"。

天王殿殿中供奉弥勒像,背面供韦驮像,两侧塑有高约3米的四大天王神像。

■ 潭柘寺财神殿

■ 潭柘寺天王殿

天王殿前，有"潭柘二宝"之一的宝锅，是一口铜锅，直径1.80米、深1.1米，为和尚们炒菜专用锅。在东跨院北房还有一口更大的锅，直径4米，深2米，一次煮粥能放10石米，需16个小时才能煮熟。

关于这两口锅，还有"泼砂不漏米"之说，原来，锅底有"容砂器"，随着熬粥时的不断搅动，砂石会沉入锅底的凹陷处。

天王殿两旁为钟鼓楼，后面是大雄宝殿。大雄宝殿为重檐庑殿顶黄琉璃瓦绿剪边建筑，面阔5间，上下檐悬有御赐金字大匾，上檐为康熙手书"清净庄严"，下檐为乾隆手书"福海珠轮"。

正脊两端各有一巨型碧绿的琉璃鸱吻，釉彩碧绿斑斓，造型生动，高2.9米，仅比紫禁城太和殿上的正吻小0.5米，在北京古建筑中位列第二大。

鸱吻海口大张，银牙凌翘，其前后两侧各盘曲有一条"S"形金龙，金龙为鲜亮的金黄色，镶嵌在橙黄色的琉璃大吻上十分醒目。在正吻两侧，各拴有一条长约7米的镀金锁链，在阳光下熠熠生辉。

殿内正中供奉硕大的佛祖塑像，塑像后面背光上雕饰有大鹏金翅鸟、龙女、狮、象、羊、火焰纹等。佛像左右分立阿难、伽叶雕像。均为木质漆金，雕刻精美。

据潭柘寺的寺志记载，在大雄宝殿佛像前原有两棵神奇的柱子，"每年春夏之交焕彩如新，人莫测其所以"，被称作"自油柱"，奉为寺宝，不料1692年大殿失火，两棵"自油柱"未能保存下来。

整座大殿宽大的月台围以镂刻精美的汉白玉石栏，中有一座大焚香炉，烟云缭绕，为"潭柘十景"之"殿阁南蒸"。

■ 潭柘寺内金刚延寿塔

大雄宝殿后面就是斋堂院，是和尚们吃饭的地方，堂后有三圣殿，但这两座殿都在后来被拆除，只剩下两棵高大的桫椤树和两株银杏树。

传说这两棵桫椤树是明代由印度移植而来，已有600多年的树龄。这两株银杏东侧一株较大的被乾隆皇帝御封为"帝王树"，西侧封为"配王树"。此记载被广大信众传说为帝王树每逢清代的一位皇帝登基，必生一枝干；每逢一位皇帝驾崩，其枝会自裂或与母干合而为一。

潭柘寺随地势层层拔高，中轴线终点是一座楼阁式的建筑，名毗卢阁。阁顶大脊用砖砌成，大脊正面镂空雕出"游龙戏珠"图案，8条奋鳞扬爪的游龙追逐着一颗光焰四射，向上升腾的宝珠，十分壮观。

龙凤呈祥 在我国传统观念中，龙和凤代表着吉祥如意，龙凤一起使用多表示喜庆之事。神性的互补和对应，使龙和凤走到了一起：一个是众兽之君，一个是百鸟之王；一个变化飞腾而灵异，一个高雅美善而祥瑞，两者之间的美好的互助合作关系就这样建立起来了。

在大脊后面，是雕刻着6只展翅的彩凤簇拥着一朵朵硕大的牡丹花的"凤戏牡丹"图。在大脊两端的鸱吻上面也雕刻有美丽的图案，正面是"飞龙戏珠"，后面雕刻的"龙凤呈祥"却是一只展翅飞舞的金凤高翔在上，其下则是一条游龙，金凤高高在上，占据了整幅图案的三分之二，是图案主体，而游龙则起一种陪衬作用。

毗卢阁檐下正中悬有乾隆御匾"圆灵宝镜"，殿内供奉5尊佛像，自东向西分别为：表示福德的南生佛；表示觉性的东方阿佛；法身佛即如来佛；表示智慧的西方阿弥陀佛；表示事业的北方不空成就佛。

阁前植有腊梅、探春、二乔玉兰等名贵花木，殿两侧有"云梯百尺"通往上层阁楼，是眺望寺容山景的最佳位置。

圆通殿和地藏殿在毗卢阁东，平行排列，两殿之

> 阿难 又称阿难陀，王舍城人，佛陀的堂弟，19岁时就因聪慧过人，记忆力强成为佛陀的侍者。阿难侍奉佛陀27年，跟着佛陀到各地传道。他是佛陀释迦牟尼十大弟子中的一位，被称为多闻第一。据说他继承摩诃迦叶之后，成为僧团的领导者。

■ 潭柘寺祖师殿

琉璃瓦 据文献记载，琉璃一词产生于古印度语，随着佛教文化而东传，其原来的代表色实际上指蓝色。我国古代宝石中有一种琉璃属于七宝之一。现在除蓝色外，琉璃也包括红、黑、黄、绀蓝等色。施以各种颜色釉并在较高温度下烧成的上釉瓦因此被称为琉璃瓦。

间有一座高大、洁白的僧塔，名为金刚延寿塔，由越靖王朱瞻墡建于1437年，为石砌覆钵式塔，高17米，舍利塔后侧墙壁上嵌有一块刻石，这就是前面提到的寺中最古老的石碑"金代诗碣"。

寺院东路由庭院式建筑组成，有方丈院、延清阁和清代皇帝行宫院，主要建筑有万寿宫、太后宫等。

方丈院和行宫均在清康熙时修建，颇具江南园林之意境。行宫院建成后，康熙皇帝来住过数次，以后乾隆皇帝也驾临住于此处。

行宫院中在方丈院东侧，竹地之北有一绿琉璃瓦顶单檐四角攒尖亭式木结构建筑名为流杯亭，坐北朝南，乾隆帝御笔题额"猗玕亭"。

亭内地面为一巨石，地面刻出弯弯曲曲的宽约3寸的水槽，深约3寸，取自古代"三月三""曲水流觞"的习俗。水道呈龙虎形花纹图案，南侧看是龙头，北侧看是虎头。

此院中幽静雅致，其中流杯亭北侧的竹林最为奇特，系潭柘寺极为有名的翠竹。该竹高3米至5米，竹干金黄色，每隔一节就有一道翠绿如玉的垂直线条，名"金丝挂翠"，即前面提到的"金镶玉"。

在流杯亭的南房后面还有一片竹林，正和金丝翠

■ 潭柘寺香炉

竹相反，竹干翠绿如玉，每个竹节前后交替各有一垂直金线，名为"碧玉镶金"竹，也就是前面提到的"玉镶金"。

据文献记载，以上两种竹原产我国成都，称"金镶碧竹"，后移植到浙江杭州一带栽植。自1699年康熙皇帝赐给寺内以来，这些珍贵名竹已有300多年，但仍枝繁叶茂，成为潭柘寺一景。

■ 潭柘寺大悲坛

寺院西路大多是寺院式的殿堂，主要建筑是楞严坛、戒台大殿、药师殿、文殊殿、观音殿、祖师殿、龙王殿以及西南斋、写经室和大悲坛三处自成系统的院落，一层层排列，瑰丽堂皇。

楞严坛位于戒台大殿南面，是一座亭式重檐攒尖式木结构圆殿，建在八方形汉白玉须弥座上。两层屋檐造型不同，下层为八方形，上层呈伞形，顶端为鎏金宝顶，因属多面型建筑，故门与清王室成员书赠的额匾均多。

殿内有一座八方形的佛坛，为木架结构，高8.3米，直径5.3米，每一侧都镶有玻璃窗面，正中供奉楞严佛。楞严坛是过去寺中高僧讲授《楞严经》和每年举行盛大的"楞严会"的地方。

鎏金 古代金属工艺装饰技法。用涂抹金汞剂的方法镀金，近代称"火镀金"。这种技术在春秋战国时已经出现。汉代称"金涂"或"黄涂"。鎏金，亦称"涂金""镀金""度金""流金"等，是把金和水银合成金汞剂，涂在铜器表层，加热使水银蒸发，使金牢固地附在铜器表面上不脱落的技术。

■ 潭柘寺月老殿

戒坛是和尚们受戒之处，台上有释迦牟尼像，像前有3把椅子，两侧各有一长凳，是三师七证的坐处。

观音殿位于西路建筑终点，位于寺院地势最高处。据说此殿专为安置妙严公主所建，曾有著名的拜砖。殿上高悬乾隆皇帝手书"莲界慈航"匾，内供观世音菩萨。明万历年间，住持达观禅师曾命人在观音殿中塑起元世祖忽必烈一家4口人的彩像。

祖师殿在观音殿西侧，因潭柘寺开山祖师华严禅师在此圆寂，故此殿名为"祖师殿"。殿内挂有10幅潭柘寺住持僧人的画像，每幅画像都有一首赞诗，为入画者歌功颂德。

龙王殿在祖师殿西，建制稍小。但殿前廊上置有"潭柘二宝"之一的石鱼，长1.7米、重150千克，看似铜，实为石，敲击可发出五音。

据传说，石鱼原是南海龙宫之宝，龙王送给了玉帝。后来人间大旱，玉帝送给潭柘寺消灾。一天夜里，急风暴雨，石鱼从天而降，掉在院中。据说石鱼身上13个部位代表13个省，哪省有旱情，敲击该省部位便可降雨。

潭柘寺的寺院外围，分布着僧众养老的"安乐延

龙王 神话传说中在水里统领水族的王，掌管兴云降雨。龙是我国古代神话的四灵之一。古人认为，凡是有水的地方，无论江河湖海，都有龙王驻守。以海洋为区分的"四海龙王"，分别指：东海龙王敖广、西海龙王敖钦、南海龙王敖润和北海龙王敖顺。

寿堂"以及烟霞庵、明王殿、凉亭、龙潭、海蟾石、观音洞、上下塔院等景点,犹如众星拱月。其中,最为传奇的,是西观音洞院内的一尊清代肉身佛。

在西观音洞院内的东南角,有一条石砌甬道盘山而上,沿路前行不远,又是一座小院,这里就是老虎洞,原名菩提洞。洞内塑有"疯魔和尚"因亮法师的肉身坐像,身旁右侧塑有一只俯首帖耳的卧虎。

"疯魔和尚"法号因亮,河南省汝南府新蔡县人,幼年在本乡出家,1862年来到潭柘寺,受具足戒。据说在光绪年间,有一次恭王奕䜣到潭柘寺进香,在山门前的怀远桥上,被正从寺里出来的因亮和尚冲撞了马头,将奕䜣从马背上摔了下来。

因亮和尚冲撞了六王爷,因而不能再留在寺里,于是他就住进了下塔院东面的蝎子洞里,并养了一只鸡和一只狗与自己做伴。

因亮法师精通医道,他长年在潭柘山、马鞍山一带行医治病,并且两次去过天津,行医济世40余年,用针灸和中草药救治好了无数的百姓,并且分文不取。因他不修边幅,性情怪异,貌似疯颠,因而世人都称他为"魔佛""魔王老爷""疯魔和尚",而其本名反而知者不多。

因亮法师直到晚年才又回到潭柘寺,就住在老虎洞里,每日前来

> **三师七证** 三师与七证师的并称,指僧尼受具足戒时,戒场必须具足的戒师人数。又称十师、十僧。"三师"指的是得戒和尚、羯摩和尚和教授和尚。七证师则是证明受戒时的莅会比丘。凡此十师均须于受戒前恭请之。

■ 潭柘寺圆通宝殿

听其讲经和求医问药的善男信女不计其数。

据说在潭柘寺后的虎踞峰上有一只老虎，时常下山伤害牲畜，后来受到寺内"疯魔和尚"因亮法师的教化弃恶从善，改吃素斋。它每日伏在因亮法师身边，听他讲经，中午跟随他去寺中喝粥。因亮法师圆寂后，此虎悲恸欲绝，不食不动，终日哭泣，5日后也死去了。

后来，寺僧在寺院内的龙王殿与一音堂之间，修建了一座殿堂，名为"魔佛殿"，将因亮法师的遗体经处理后，包上泥，塑成了一尊"肉身佛"，供信士弟子们祭拜供奉。

因为殿堂太小，殿前的地方又窄，每天从河北、天津以及附近数十里前来祭拜魔佛的人成百上千，拥挤不下。潭柘寺决定整修因亮法师生前所住过的西观音洞南侧的菩提洞，用以供奉因亮法师。

因亮法师的信士弟子们得讯后，纷纷捐款资助，将"原洞叠石加高，前修抱厦并神路一段"，在洞内用因亮法师的灵骨作为支架，塑了一尊真人大小的因亮法师坐像，并在其身边塑了那只殉主而死的"神虎"。

潭柘寺演义千年佛教史，传承历代信众愿，成为了北京佛寺中地位殊胜的一道传奇。

阅读链接

潭柘寺作为北京地区的古刹名寺，历史上游客云集，香火极盛。从金代起，上至朝廷百官，下至平民百姓来此寺者数不胜数。特别是从明代之后，潭柘寺成了京城百姓春游的一个固定场所。

潭柘寺地处深山，交通不便，在历史上曾形成了多条古香道，从不同方向通往潭柘寺。这些古道历经成百上千年，为潭柘寺的对外交往发挥了巨大的作用。潭柘寺主要有芦潭古道、庞潭古道、新潭古道、门潭古道和潭王古道。

马鞍山下的戒台寺

智周大师是隋末唐初的一位高僧,素以戒行见称。他于622年在北京西郊马鞍山下创建了慧聚寺,作为自己的隐迹之地。慧聚寺又称会聚寺,就是现在戒台寺的前身。

唐末,慧聚寺被严重毁坏。到了辽代建都北京时,律宗高僧法均大师决心重振业已颓废的慧聚寺,广募资财,大兴土木,于1069年建了一座菩萨戒坛。

1070年,新戒坛建成,开坛演戒,一时成为万人向往的佛教圣地。辽道宗耶律洪基特意下诏授法均大师为崇禄大夫守司空。自此以后,慧聚寺的住持都与皇室保持着密切的来往。

戒台寺钟楼无字碑

戒台寺哼哈二将

慧聚寺坐西朝东而略有些偏北，是辽金时期寺庙面东"朝日"的典型代表。之所以这样，是为了将其中轴线直指35千米以外的北京城，可谓匠心独具。

元代末年，慧聚寺连遭几场大火，几近全毁；明代，慧聚寺进行了3次大修，并在明宣宗时重建。

1441年，明代的知幻大师又主持重修了戒坛大殿和戒坛，形成了成熟的后世寺院格局。戒坛完工后，知幻大师被推为第一代传戒坛主师，并主持传戒。

知幻大师生于1401年，俗姓刘，名道孚，字信庵，7岁时在南京灵谷寺出家，拜庆受和尚为师。1426年随庆受大师来到北京。此后知幻大师出入宫禁之中，为皇室讲经。

1434年，知幻大师为慧聚寺住持坛主，主持重修工作。明英宗皇帝为了能经常与知幻大师谈论佛法，在北京城内居贤坊为知幻大师修建了一座下院，作为他进城后的住所。

1448年，慧聚寺正式改名为"万寿寺"，但由于此寺以戒坛而著名，所以世人称之为"戒台寺"。

明嘉靖时期，从1550年—1556年，对戒台寺进行了历史上最大一次由皇室组织的全面修缮。

1685年，清代康熙帝第一次来戒台寺。他发现寺周私挖滥采成风，庙宇破坏十分严重，于是降下圣谕并立碑为戒，令戒台寺周围禁止凿山采石。这块碑也被后人誉为"名山之护符，禅门之宝诰"。

此后,康熙帝又多次来到戒台寺,并为寺内题匾撰联,大雄宝殿"般若无照"的横匾和"禅心似镜留明月,松韵如篁振午风"的楹联以及戒台殿内"清戒"匾额均出自康熙帝之手。清代乾隆帝也曾多次来戒台寺赏玩,并留下多处墨宝真迹。

从清代乾隆年间起,北京的一些民间组织,如地藏会、三元大悲会、大悲随心经会、广善米会、五显财神会等在戒台寺内的空地上建起了一些小殿,如财神殿、娘娘殿、老爷殿、地藏殿等,使这座千年梵刹出现了一些民间信仰的神殿。

戒台寺是我国北方著名的律宗寺院,寺内的戒台是我国著名的"三大戒台"之首,另两座分别是福建泉州开元寺和江苏宝华山隆昌寺。戒台寺的戒坛不仅因其体量最大而被尊为"天下第一坛",而且还有着悠久的戒传历史。

> **般若** 梵语的译音,或译为"波若""钵罗若",全称"般若波罗蜜多"。意译"智慧",大乘佛教称之为"诸佛之母"。般若智慧不是普通的智慧,是指能够了解道、悟道、修证、了脱生死、超凡入圣的这个智慧。这不是普通的聪明,这是属于道体上根本的智慧。

戒台寺建筑

清代时期，戒台寺曾出了一位活了128岁的"老寿星"，他就是明池上人。明池自16岁在戒台寺出家后，每日诵《药师经》，昼夜不息。清光绪年间的戒台寺住持妙性方丈曾问过他："为何日夜诵《药师经》长年不断？"

明池上人说："常诵《药师经》，可以享寿128岁。"

1890年冬天的一个半夜时分，妙性方丈在禅房中打坐，忽然听见外面有杂乱的脚步声，不知发生了什么事情，连忙出去观看，却什么都没有看见。心中还在疑惑，忽见明池上人居住的茅舍无缘无故着起了大火，妙性方丈连忙喊人救火，火灭之后，房中的明池上人已在火中坐化而去了。

事后妙性方丈查看了明池上人的度牒，屈指一算，原来明池上人果然活了128岁。后来，爱新觉罗·载滢曾对此写诗赞曰：

寂寞梦香印，茅茨慧业精。

自修遂自了，无灭亦无生。

戒台寺山门

白首参经义，青莲悟法程。
百年禅诵苦，千古智光明。

■ 戒台寺大雄宝殿

戒台寺有两组建筑群，其实有南北两条中轴线，南中轴线上自西向东依次分布山门殿、天王殿、大雄宝殿、千佛阁遗址和观音殿，多为明清时期扩建；北中轴线上是戒台寺特色所在，包括山门殿、戒坛殿、大悲殿及罗汉堂，是唐、辽金建筑的主要分布区。

戒台寺很特别的是其山门殿处于一座四合院之中。四合院式的建筑格局在明代就已经形成了。

四合院式建筑以先天八卦而设计，西北为艮卦，艮为山；东南为兑卦，兑为泽，因而大门一般开在东南角上，取"山泽通气"之意，并称之为"吉门"或"财门"。东北方向为震卦，是次好方向，必要时也可以开门。

度牒 政府机构发给僧尼以证明其合法身份的凭证，在唐代也称为祠部牒，都是绫素锦素钿轴，就是品官所用的纶诰，上面详载僧尼的本籍、俗名、年龄、所属寺院、师名以及官署关系者的连署。僧尼持此度牒，不但有了明确的身份，可以得到政府的保障，同时还可以免除地税徭役。

■ 戒台寺佛像

对此,戒台寺的山门根据当时的习俗,建起了外院,并在南北两侧外院墙上按照兑卦和震卦的位置各开了一座门,即南配门和北配门,并在北配门外又开辟了大钟院,而南配门因有吉位财门,故成为了出入寺院的主要通道,从此形成了山门殿需由左侧南配门进入的格局,戒台寺也就没有了正门。

戒台寺尤以松树出名,活动松、自在松、九龙松、抱塔松和卧龙松,合称"戒台五松",它们各有风采。

"九龙松"是一棵白皮松,屹立在戒坛院的山门前。此树在唐武德年间种植,至今已有1300多年。它高达18米,胸径2米有余,主干分成9股,白色表皮上遍布褐色斑点,像是斑驳的龙鳞。九龙松一干分九枝,直指蓝天,宛如9条银龙守护着戒坛,故名。

山门前方有3座辽元时期的经幢,尤其是元代经幢,有一组8人的乐队浮雕,各个袒胸赤足,手中拿着笛、箫、排笙等乐器,造型皆为西域印度或尼泊尔乐师的形象,反映了中外文化的交流。

山门殿为南轴线上的第一座殿堂。两侧与院墙相连,左右各有一个旁门。殿前有石狮子一对,并立有

> **先天八卦** 又称伏羲八卦,传说是由7000年前的中华民族"人文始祖"伏羲氏观物取象而作。先天八卦的卦序是:一乾、二兑、三离、四震、五巽、六坎、七艮、八坤。在八卦变过程中,首先是太极,其次是两仪,接着是四象,最后是八卦,它们是宇宙形成的过程。

清康熙皇帝撰文的"万寿寺戒坛碑记"。

山门殿面阔3间,单檐庑殿顶,灰筒瓦覆顶。四角挂有风铃,门额上挂"山门殿"斗字金匾。殿内前后贯通,中间为通洞。两侧各立有一尊泥质彩绘的护法神塑像,一为密执金刚,一为那罗延金刚,面部表情生动,高约3米,是泥塑佳作。

山门殿明代称"优波离殿",因其中供奉着释迦牟尼的十大弟子之一,号称"持戒第一"的优波离尊者,故而得名。清代改称"明王殿",供弥勒佛和四大天王。

后来,山门殿则供有原千佛阁的木质大佛龛,这尊木雕佛龛为明代遗物,雕工精湛细腻,高4米,长3.7米,宽1.55米,下方为木制须弥座,龛内上方有3个玲珑的雕龙藻井,周围饰满了各式龙纹与花饰,整个佛龛共雕了146条大小不一的龙,堪称艺术精品。

石狮子 我国历来把石狮子视为吉祥之物,在我国众多的园林名胜中,各种造型的石狮子随处可见。古代的官衙庙堂、豪门巨宅大门前,都摆放一对石狮子用以镇宅护卫。在我国的文化中,狮子更多的是作为一种神话中的动物,而不是现实生活中的动物,和麒麟一起成为我国的灵兽。

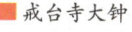
■ 戒台寺大钟

山门殿后南道，有一座高大的青铜焚炉，高3米，重2500千克，安放在汉白玉雕的须弥座上，铸造于1599年，是万历皇帝的母亲慈圣宣文明肃皇太后"诚心铸造"并捐给戒台寺的。

山门殿后是天王殿与大雄宝殿，"龙凤松"就在天王殿院内，是两棵古松的合称，在甬道两侧南北分立。南侧的凤松树干略向东倾而高挑的树尖却扭向北面，极似扭头回顾、凤尾下垂的凤凰，有种女性特有的清幽之美；与之南北相对的龙松却另具形态，盘曲虬结，如同翘首南顾的苍龙，具有一种男性的阳刚之气。两松相距数丈，但树顶的主枝几乎相连，如同龙凤交颈，引人遐思。

大雄宝殿在天王殿后面，坐落在近两米高的月台上。门额上高悬清乾隆帝手书"莲界香林"雕龙横匾。原来还挂有清康熙帝所题"般若无照"匾额和"禅心似镜留明月，松韵如篁振午风"的楹联。殿内屋顶上有3个木雕藻井，上圆下方，井内各雕有一条团龙。下方汉白玉石雕的须弥座上供有明代铸造的铜质横三世佛。正中为释迦牟尼佛，南侧为阿弥陀佛，北侧为药师佛。每尊佛像高3.2米，重5000千克。

大殿前左右两侧各有3间配殿，左侧为伽蓝殿，右侧为祖师殿。

在大雄宝殿后面台阶上方左右两侧，有两株对称而生的古松，这

戒台寺天王殿

■ 戒台寺石刻

就是"卧龙松"和"自在松"。卧龙松干长10米多，蜿蜒横生，宛如翔云归来的苍龙，爬过石栏，翘首横卧在石碑之上，碑上有清恭亲王奕䜣亲手所书的"卧龙松"3个字。

与卧龙松相对的"自在松"高达25米，也是辽代所植。它矗立在大雄宝殿前，姿态舒展有致，显得逍遥自在。一个大枝向着大殿方向延伸，仿佛是在虔诚地守卫着佛祖。

大雄宝殿之后，原有一座三层檐略呈方形的高阁，阁内分上下两层，有旋梯相通，上层有5个阁龛，每个阁龛内又分为28个小龛，每个龛内各供3尊高约3寸的小佛像。下层也分龛供佛，全阁共有大小佛像逾千尊，因此被叫作"千佛阁"。

千佛阁始建于辽代咸雍年间，明清两代曾进行整修。原为三层檐楼阁式木结构建筑，庑殿顶。宽27米，进深24米，高30余米。门额挂有清乾隆皇

药师佛 全称"药师琉璃光如来"，又有人称"大医王佛""医王善逝"或"消灾延寿药师佛"，为东方琉璃净土的教主。据佛教传说，药师佛行菩萨道时，所发之十二大愿，每愿都为了满众生愿，拔众生苦，医众生病，成佛后，他始终践行着大愿。

■ 戒台寺伽蓝殿

帝手书"智光普照"的匾额。门内楹柱上有乾隆手书楹联：

金粟显神光，人天资福；
琉璃开净域，色相凭参。

千佛阁前的"活动松"，是一棵高达25米的油松，相传是元代时的住持月泉高僧手植。此松树呈伞形，枝杈牵连交错，特点是用手牵动其任何一枝，它全身的枝干都会摇动起来，"引一枝而全身发"。

清乾隆皇帝每次到戒台寺，都要摇动活动松，以此取乐游戏。乾隆为这棵奇松起名"活动松"，并先后3次为它题诗，其中有诗句"摇动旁枝老干随"，皆刻在此树西南侧的一块圆顶石碑上。但后来的活动松已不是乾隆皇帝看到的那一棵，而是清光绪年间补栽的。"活动松"为什么能活动呢？原来它的主干和

庑殿顶 又称四阿顶、庑殿、五脊殿。汉族传统宫殿建筑的屋顶中以重檐庑殿顶、重檐歇山顶为级别最高，其次为单檐庑殿顶、单檐歇山顶。佛殿、皇宫的主殿等重要的建筑是采用重檐庑殿顶，是最尊贵的形式。

大枝都向东倾斜，整个树体重心不稳，所以一枝动则全身摇。

阁内正中供有高大的毗卢遮那佛铜像。两侧砖墙镶以琉璃壁饰，遍布阁龛。每龛内都供有一尊高10厘米的木雕小佛像，共计1680尊。

千年香樟木雕弥勒佛，作为戒台寺唯一露天佛，为一整块千年香樟木根雕，雕工精美，憨态可掬，盘腿而坐，袒胸露腹，自然形态惟妙惟肖。

从千佛阁遗址往北拐，首先看到一个两进的四合院，清恭亲王奕䜣曾在这里隐居10年。院内幽雅清静，自清代以来，这里以种植丁香、牡丹闻名，尤其黑牡丹等稀有品种，更是锦上添花，故称牡丹院。牡丹院的建筑风格别具特色，它将北京传统的四合院形式与江南园林艺术巧妙融合。

沿千佛阁左后的石梯登临而上，可到达另一层高台，即戒台寺最高的建筑观音殿，面阔3间，正中一间供有观世音菩萨像，左右两间为恭亲王奕䜣的书房。

在戒台寺观音殿前台基的边缘，围护有一道青石栏，在石栏柱头

戒台寺观音殿

香樟木 樟科植物樟的木材。常绿乔木。产于我国长江流域以南各省，多生于低山平原。质地坚韧而且轻柔，不易折断，也不易产生裂纹，拥有天然美丽的纹理和花纹，而且散发着浓郁的特殊香气，所制作而成的香樟木家具具有防虫、防蛀、防霉、杀菌等功能。香樟木年份越久越珍贵。

上从北向南排列有17头大石狮子和8头幼狮，其中有绣球嬉戏，有给幼狮喂乳，有掌托幼狮等各种造型。

这组石狮子雕刻细致，线条清晰，刀法流畅，舒缓有致，甚至比卢沟桥的狮子更显清秀细腻，与颐和园十七孔桥的石狮子类似，是戒台寺具有很高艺术价值的精品。

戒台寺北路为戒坛院建筑群，戒坛院是一长方形的院落，前有山门，两厢为36间配殿和五百罗汉堂，中心建筑为戒台大殿。

戒坛大殿也称作选佛场，始建于辽代1069年，金、元、明、清各代均有维修，保持着明代建筑形式和风格。此殿面积676平方米，高20多米，为重檐盝顶与四角攒尖顶相结合的木构建筑，即四面坡的殿顶正中有一方平台，平台四周和正中各有1477年由僧人德秀捐赠的铜质鎏金宝顶，中间一个高约5米，四周的4个较小。远看如同5座小塔并耸，玲珑剔透。

殿顶上下檐有"风铃"环绕，上层是圆风铃，下层是方风铃，暗寓天地之形，且每个风铃上都铸有"阿弥陀佛"4个字。

殿内的屋顶正中的"斗八藻井"十分精彩，是明正统年间的木构佳作，分为上圆下方两部

■ 戒台寺香炉

分，上部是一圆形的穹隆式建筑，天花板为金漆彩绘，正中是一条倒挂的木雕团龙，张口鼓须，盘旋向下，周围有8条升龙与之彼此呼应，形成了"九龙护顶"的绝妙构局。下部是一方形的井口，其四周雕有许多的小天阁，天阁上雕有众多的小佛龛，内有精工细雕的饰金木质佛像，宝相庄严。

门内横枋上，挂有清代乾隆皇帝手书的"树精进幢"金字横匾，内侧挂有康熙亲笔的"清戒"二字匾额。可见数朝对戒台寺感情之深，着力之重。

戒台寺罗汉像

戒坛大殿正中有青石砌成的"品"字形高台，此戒坛为明代所建，高3.25米，分3层，每层都有须弥座，3层合为一须弥山。

在每层须弥座束腰处，都雕刻有小佛龛，其中上层每面7个，共计28个；中层36个；下层则正面13个，其余三面各有12个，共计49个。而且佛龛的体量是由上至下逐渐增大，每个佛龛内都有一个"戒神"，共计113个。

戒台殿内的113尊戒神是不可多得的奇景，这些戒神泥塑金身，神形各异，有的威武雄壮，有的面目狰狞，有的顶盔贯甲，有的仙风道骨，一个个栩栩如生，生动传神。这是北京地区绝无仅有的一组戒神塑像，是难得的艺术珍品。

戒坛最上方平台面积32平方米，是受戒的场所。最靠西的一侧有一尊高3.35米的释迦牟尼漆金塑像，像前有10把硬木椅和一个紫檀木的雕龙供桌，体现了受戒仪式的"三师七证"的座位排列次序。

■ 戒台寺选佛场

幢 又作宝幢、天幢、法幢，在最初的用处是号令三军，掌握进退，后被佛教应用。其用料和工艺各不相同。汉传佛教一般仅用于庄严佛殿，用绸布做成圆桶状，上面刺绣花纹或佛像、菩萨像、天龙护法、佛经、咒语等；藏传佛教则在多处应用，如在佛殿的屋顶上，树立鎏铜镏金的幢，在数千米以外就能见到。

戒坛左前方有一座大钟亭，位于6米多高的台基上，原是地藏院的附属建筑。钟亭为卷棚顶，4根支柱呈"八"字形叉开斜立，式样别致。在亭内原挂有一口高3.2米，下口直径2.2米的大铁钟，名叫幽冥钟，主要供每年七月三十戒台寺做地藏法会之用。

大钟亭背后三面环山，前方东望平原，居高临下，毫无遮拦。由于三面环山形成了一个天然巨大的共鸣箱，钟声经过震荡共鸣，被环山反射而回，从东北侧开口处冲出，因而可以传得很远，据说在20千米之遥的阜成门外八里庄都能听得见。

幽冥钟后来已不复存在，改挂一口明景泰年间铸造的铜钟，钟高1.6米，下口直径0.9米，壁厚8厘米，钟纽高0.3米。此钟为八峰波形口，钟纽为虹形双头蒲牢，钟体上铸有云纹，铭为"大明景泰□年□月□日制"。此钟原挂在戒坛大殿内，供举行受戒仪式之用。这口铜钟虽然比原来的大铁钟要小得多，但铸造精美，工艺考究，线条流畅。

戒台寺的钟声在历史上是非常有名的，清代的江宁织造曹寅，即《红楼梦》作者曹雪芹的祖父，曾写下了一首很有名的诗，名曰《马上望戒坛》：

> 白云满山谁打钟？马首西来路不逢。
> 据此相看如一梦，因缘还欠戒台松。

戒台殿后面是大悲殿及左右庑的罗汉堂，殿中原有清乾隆年间所塑的五百罗汉像。

在戒台院的东南部，是清恭亲王奕䜣在1884年罢官后修建的"慧聚堂"。院内还有3棵逾百年的丁香树。

戒台院东北方有塔院，内有1448年时的戒台寺住持知幻和尚重建的辽代法均和尚即普贤大师的墓塔，该塔初建于1075年，但年久失修有所损坏。塔为七层密檐砖塔，塔刹是一朵莲花，塔身下部也采用了莲花的托座，塔上有塔铭：

> 大辽故崇禄大夫守司空传菩萨戒坛主普贤大师之灵塔，大明正统十三年中秋日筑坛知幻道孚重建。

在辽塔的南面，还有一座建于同一时期用于埋藏法均和尚袈裟、食钵等物

戒台寺塔林

件的"衣钵塔"。

在戒坛院山门前的北侧，有著名的"抱塔松"，抱塔松又称抱浮图，为金代所植。相传它本是天上的一条神龙，被玉帝派下凡来守护法均大师的墓塔。在一个风雨交加的夜晚，龙松怕墓塔被雷电击毁，就扑身过去，伸出两个大枝像人的双臂那样抱住古塔，形成古松抱塔的奇观。抱塔松长达5米的主干，像巨龙一样爬过山门前的矮墙，两条枝杈扭转着盘绕在台基下方法均大师墓塔的两侧，恰似巨龙伸出前爪护卫古塔。抱塔松旁有经幢3座，一座建于元，两座建于辽。

历史上戒台寺经常举行盛大的宗教活动，因而逐渐形成京西重要的民俗活动。明代每年农历四月初八至十五，京西佛诞庆典的大型民俗活动共有5项，在门头沟境内的3项中有2项在戒台寺，分别是农历四月初八至十五的"赶秋坡"，农历四月十二的"耍戒坛"。

赶秋坡是指戒台寺每年农历四月佛诞庆典说法期间全国歌女舞女在戒台寺的大聚会。全国各地的歌女舞女都在这一时期聚集到戒台寺附近的秋坡，载歌载舞，比歌声，赛舞艺，交流切磋，成为戒台寺庙会和京西民俗活动的一大特色。

阅读链接

以戒台寺为中心构成的佛教艺术古迹群，是北京西郊一道亮丽的风景，给人们留下了无数神奇的传说和美丽的遐想。

古迹群东南15千米石佛村的摩崖造像群，是北京地区规模最大的摩崖造像群；东1千米古香道路边有一块巨石刻有"阿佛"两个明代大型摩崖刻字；原慧聚寺的一部分因有泉水胜景而分出一座"玉泉寺"即"西峰寺"；离寺500米处有一座建于明代的精美汉白玉石牌坊，它也是戒台寺的外大门；寺院西面极乐峰的山洞鳞次栉比，其中部分山洞在明代被改建成了石窟寺，也是当年戒台寺高僧静修之地；东南侧的外塔院松柏苍翠，宝塔高耸，是明清两代戒台寺高僧安息的地方。

白带山麓的云居寺

云居寺位于北京西南房山区白带山西南麓,始建于隋大业年间。601年,隋文帝在诸州高爽清净之所建舍利塔,北京西南白带山上的智泉寺也奉诏安放了舍利,建造了舍利塔。

■ 云居寺牌坊

■ 静琬像

天台宗 我国佛教宗派之一。实际创始人是陈隋之际的智𫖮。因其常住浙江天台山，故名。天台宗以《法华经》为主要教义根据。智𫖮注有《法华玄义》《摩诃止观》《法华文句》，被奉为天台三大部。其教义主张一切事物都是法性真如的显现，以中、假、空三谛圆融的观点解释世界。

隋炀帝大业年间，智泉寺静琬秉承其师南岳天台宗二祖北齐慧思大师的嘱咐，深感法灭危机，为有效保护佛藏，发愿刻石藏以不朽。

静琬刻经之举受到了大隋朝野的支持与响应，611年，隋炀帝临幸白带山附近的涿郡，皇后萧氏施绢千匹以助静琬，于是朝野上下争相为静琬刻经施舍财物。

静琬时期所刻石经至少有《华严经》《法华经》《金刚经》等9部，最初刊刻的《华严经》藏于白带山雷音洞左之第8洞，《法华经》等则嵌刻于雷音洞内的石壁上。从此在白带山开创了石经刊刻事业，因此白带山后世又称石经山。

到唐代贞观年间的631年，为了刻经的需要，在白带山下大规模修建庙宇，并把原智泉寺重新命名为"云居寺"。

在唐代最早的一部志怪小说集《冥报记》中，对云居寺的这段机缘有详细的记载：

静琬早就有建寺的打算，但由于缺乏木材一直未能如愿。事有凑巧，631年6月，一夜大雨，引起山洪暴发，上游河岸崩塌，数千株巨大的松柏顺流漂至白带山下，于是静琬招来工匠，在当地百姓的帮助下，利用这些木材建起了云居寺。

云居寺创建时形成了三院格局：即东峪云居寺，

又称东云居寺、东峪寺或东域寺，在石经山以东；西峪云居寺，又称西云居寺、西峪寺或西域寺，在石经山以西，即后世之云居寺；中峪云居寺，又称中云居寺、中峪寺或中域寺。

此外，石经山上以华严堂为中心，形成了石经寺，又称云居上寺、雷音寺。在距云居寺不远的岩上村，还有专供刻经的磨碑寺。

此后，云居寺的刻经事业历经玄导、僧仪传至惠暹、玄法，尤其在盛唐开元、天宝年间为房山刻经的全盛时期，因为得到了唐玄宗的八妹金仙长公主的大力支持。

730年，唐玄宗经金仙公主奏请，颁赐新旧译经4000余卷，作为刻经底本，命长安崇福寺沙门、著名的版本目录学家智升亲自负责运送至云居寺。

在惠暹和玄法刻经时，雷音洞及其左右各洞藏

智升 唐代名僧。730年，于长安西崇福寺东塔院撰开元释教录20卷，详录后汉明帝至唐开元时传译至我国的大小乘经律论三藏、贤圣集传，及失译缺本等，共收录5048卷，敕入大藏。此录为经录中最完备者，古来凡言及翻译经典之书，亦皆以此录为标准。

■ 云居寺大殿

■ 云居寺佛像

刘济（757年~810年），北京人，唐代藩镇割据时期任卢龙节度使，忠于朝廷。卢龙节度使即幽州节度使，又称范阳节度使，是唐王朝在今河北地区设置的节度使，天宝时期的十节度使之一。后来直到五代时期割据河北，一直为河北三镇之一。

经已满，于是又在雷音洞下开凿两洞，将所刊刻石经藏于洞内。玄法时期于唐开元末年开始刻造玄奘所译长达600卷的佛经《大般若经》，754年刻至163卷。

在此期间，静琬的第三代弟子惠暹对云居寺进行了第一次重修。金仙公主奏请唐玄宗，将云居寺四周东接房南岭，南逼他山，西至白带山，北限大山分水岭的大片山场划给云居寺作为刻经费用。

云居寺僧人为了感念金仙公主之德，特于白带山顶的石塔上刻下铭文，这座石塔世称"金仙公主塔"。此塔为笋状四面小石塔，通高3.67米，其下部由四块汉白玉石板竖砌成方形龛状塔身，龛门浮雕拔券，门两侧各浮雕金刚力士一尊，上部为七重宝檐，宝珠刹，造型酷似西安小雁塔和云南大理三塔。金仙公主塔至今仍完好地立于白带山顶。

"安史之乱"爆发后，房山的刻经工作也未停止。自789年—809年，受幽州卢龙节度使刘济的施助，用了20年左右，续刻了《大般若经》300卷前后至412卷的100余卷，终唐之世，这部600卷的《大般若经》续刻至第520卷左右。

唐武宗登基后，主张废佛，云居寺被迫停废，后虽得恢复，但唐末至五代的战乱使石经刊刻被迫停顿下来。到了940年，后晋开国皇帝石敬瑭划燕云十六州归入辽人版图，在辽皇室的支持下，云居寺开始转机，再度兴盛。

964年，云居寺住持谦讽和尚对云居寺进行了大规模修复，共修建大小庙宇70余间，使唐末五代以来"风雨之坏者及兵火之残者"得以修复，并且扩大了云居寺的规模。

谦讽和尚与辽官员朝议郎行右补缺王正合力倡导，云居寺广联僧俗，结千人邑会，成为我国古代为寺院募捐的社会宗教组织。

1027年，涿州刺史韩绍芳游览白带山，发现了刻经始末，乃奏请辽圣宗耶律隆绪恢复刻经，辽圣宗赐普度坛利钱为刻经经费，又委派瑜伽大师可玄提点镌修，勘讹刊谬，补缺续新，重启辽代大规模刻经。韩绍芳先补刻了《大般若经》中残损的10卷经文，接着又开始从521卷刻起，续刻了《大般若经》的最后80卷。

1041年9月，涿州刺史刘湘承袭前任韩绍芳续刻《大般若经》至第600卷，计经碑240条，最终完成此经的镌刻。《大般若经》的刊刻历经唐至辽代共计300年时间，共刻石1512条，是《房山石经》中最多的一部。

此后，至1057年云居寺刻完全部《大宝积经》120卷，计经碑360条，至此完成4大部佛经，它们是：《华严经》《大涅槃经》《大般若经》和《大宝积经》。

辽代早期刻经均藏于藏经洞内，后由于各洞已满，至辽大安年间的通理大师时开始改单面刻经为两面刻

云居寺佛塔

经，并由大板改为小板，大字改为小字。通理师徒所刻的4000余片经碑和道宗刻经碑180片，均暂时放于山下。

由于藏经洞已满，自辽代起，云居寺僧人在云居寺南塔所在塔基的南侧建起一座石经地宫，用以珍藏辽金时期所刻的《契丹大藏经》10082片。

随着幽州地区社会的稳定，辽人开始恢复石经刊刻。在辽重熙年间至大安年间，云居寺建起了北塔和南塔。

北塔又称罗汉塔，建于辽重熙年间，为寺僧文密化钱3万余缗而建。北塔造型极为特殊，是楼阁式、覆钵式两种形式相结合的塔。塔的下部为八角形须弥座，上建楼阁式砖塔两层，其上置覆钵和"十三天"塔刹，完全是一个早期的佛塔。历经千年沧桑，北塔仍以其雄伟的英姿成为云居寺的象征。

后世修缮北塔时，塔基上所镶的200余块有"诸法因缘生，我说是因缘。因缘尽故灭，我作如是说"铭文的佛偈砖朽坏，需要去旧换新，但是苦于没有替代品，工程无法进行。

■ 云居寺毗卢殿

在当时，北塔东南10米处施工用的淋灰坑里的石灰水一夜之间向正北流渗而尽，有洞长达10米，距北塔塔基不足两米。有人推测或许塔基下有藏宝洞，遂停工挖宝。这时，奇迹出现了，从洞中挖出了辽代建塔时埋下的佛偈砖221块，拆旧易新，恰巧用去220块，仅余一块，此机缘足见古人建塔时虑事之缜密，仿佛早就算准了未来修缮时有此之需。

■ 云居寺内佛祖舍利塔

南塔建成于1117年4月，为寺僧绍坦所建。塔13层，高20余米，内藏舍利300余粒。

辽代云居寺的佛教宗派由晚唐的禅、律共处，改为律宗。

金代直至金明昌年间，云居寺并未因朝代更替而间断刻经事业。1180年，义谦法师继任云居寺住持，改律为禅。金世宗子、章宗伯父完颜永中施刻的《增一阿含经》《杂阿含经》就在义谦住持期间。金人继辽代之后续刻自辽代开始刊刻的《契丹大藏经》，并因此才使此经留传后世。

义谦对云居寺"重建廊宇，别建僧庵，西序东厨，焕然顶新"，当时长乡城义井院、李河灵岩寺以及歧阳开化寺皆请义谦为提控宗主。

1215年，蒙古大军攻破辽中都，大元一统后，云居寺得到元执政者的重视。

《大宝积经》
又作《宝积经》，唐代菩提流志等译，凡120卷，收于大正藏第11册。系纂辑有关菩萨修行法及授记成佛等之诸经而成，在我国佛教界，被称为五大部之一，有着崇高的地位。全经内容泛论大乘佛教之各种主要法门，涉及范围甚广，每一会相当一部经，亦各有其独立主题。

北京云居寺辽代佛塔

1315年，元仁宗命朝廷官员明里董阿前往涿州代自己进香，顺道至云居寺视察石经。明里董阿回京后，奏请元仁宗赐经律论一大藏，藏于云居寺内。

元代在元文宗、元宁宗之际，云居寺进行了一次较大规模的修复，至1332年才告结束。

1341年4月，高丽僧人慧月又修葺了石经山华严堂，并补刻了堂内残损的5块经板。

大明立国之初，明太祖朱元璋于1388年派名僧道衍到云居寺视察，道衍为隋静琬开创刻经事业所感，题《石经山诗》并序镌于华严堂石壁上。

1428年，道教北派全真教代表人物陈风便、南派正一教王至玄等，仿效佛教刻经，募刻了道教的《玉皇经》等4部共刻石8块，送至石经山藏于第七洞中。

1393年和1444年，明政府又对云居寺进行了大规模修复。明永乐年间，天竺僧人桑谒巴辣曾修复东峪云居寺，改称"东峪观音寺"，并成为该寺住持。

桑谒巴辣是在我国佛寺担任住持的第一位印度僧人。他在1405年率领诸国使臣至明政府进贡方物，在南京受到永乐皇帝接见，并被封为"圆融妙慧净觉弘济辅国光范衍教灌顶广善西天佛子大国师"，允其随方传教，自在修行。

在此之后，桑谒巴辣奉诏居于北京崇恩寺，并在

全真教 也叫全真道、全真派，是世界道教的主流宗派，被天下奉为"太上玄门正宗"。该宗嗣太上老君遗教，秉东华帝君演教，承正阳帝君钟离权和纯阳帝君吕洞宾二祖传教，开宗于重阳全真开化辅极帝君王重阳，以"三教合一"、"全精、全气、全神"和"苦己利人"为宗旨，并逐渐包容合并了太一道、真大道和金丹南宗。

内府教授官员学梵语，有不少王公大臣投其门下，削发为僧。他还于1436年大修了崇恩寺。

桑谒巴辣圆寂后，塔葬于东峪云居寺附近的白云陀金香炉山清峰岭上。桑谒巴辣传播的是秘密大乘佛教，自明永乐年间桑谒巴辣重修东峪寺后到成化年间，东峪寺住持哩提干资罗及西峪寺住持嗔嗒悉哩，他们都是桑谒巴辣的梵僧弟子，从而开创了我国佛寺由印度僧人任住持的先例。

1592年，五台山一代高僧真可法师至石经山雷音洞参礼，发现洞内像设瘫敝，石经薄蚀，还在雷音洞拜石下石函内起出3颗肉舍利。于是，真可法师在明代慈圣皇太后李彩凤等人的资助支持下，赎回骨塔和香树庵，并为香树庵购置500亩的下庄一所。

此外，真可法师还将东、西云居寺的住持、执事僧召集一处，严加训示，重申戒律，再肃清规。

明万历末年至天启、崇祯年间，吴兴沙门真程劝说在北京的南方籍官僚居士葛一龙、赵琦美、冯铨、董其昌等刻造石经，他们采取先集资在北京石灯庵用小石板刻好佛经，然后送往石经山贮藏，共刻经10余部。并于雷音洞左侧新开一洞，将这些石经藏入其中。

1631年初，出资刻经的明代著名

真可（1543年～1603年），俗姓沈，字达观，明末僧人。17岁到苏州虎丘云岩寺出家，拜虎丘僧明觉为师，闭户读书。20岁受具足戒后广研经教。对修寺、刻经，颇有业绩。始自楞严寺，终至云居寺，复兴梵刹计15所。晚号紫柏大师，门人尊他为紫柏尊者，是明末四大师之一。

■ 云居寺佛像

董其昌（1555年~1636年），字玄宰，号思白、香光居士。明代著名书画家。擅画山水，师法董源、巨然、黄公望、倪瓒，笔致清秀中和，恬静疏旷；用墨明洁隽朗，温敦淡荡；青绿设色古朴典雅。以佛家禅宗喻画，倡"南北宗"论，为"华亭画派"的杰出代表。

书法家董其昌在新开的洞额题"宝藏"二字，故此洞也俗称为"宝藏洞"。至此，历时千载的房山云居寺石经刻造事业宣告结束。

到了清代，云居寺改为临济正宗，世代相传，而且在1672年终于迎来了溟波大师任住持。溟波大师后被尊为云居寺重开山第一祖。

据溟波大师自述，他7岁即被父母送往天仙庙出家，后在北京悯忠寺受具足戒。曾经师从天津如来庵大博禅师开悟，40岁入主云居寺。

溟波大师是清康熙年间的著名高僧，蜚声遐迩，曾得康熙帝亲自垂问法力，并赐白金30两添钵。

在溟波大师主持下，云居寺共修复建设殿宇、禅堂、寮房、厨库200余间，整修了西域寺、东域寺、梦堂庵、云居寺双塔、戒坛，以及石经山藏经洞、曝经台等一应建筑。

此后，重开山第二代圆通法师继承乃师遗志，至1698年将云居寺重修工程告竣。

圆通的弟子重开山第三代、传临济正宗三十五世了尘法师也是一代有作为的住持，移大悲坛，修两壁僧寮，建藏经阁。

云居寺蒸蒸日上的时候，正是清康乾盛世，后世将清代前三代重开山祖师圆通、了尘、光泰

■ 云居寺开山琬公塔

并称云居寺"三公",并将他们三人的遗骨分别安奉在3座形制相仿的覆钵式塔中,墓塔均为东向,石砌覆斗座,覆钵塔身,塔刹为十三天承宝珠,通高均为7米,并列位于云居寺北塔以北的平台上,俗称"三公塔"。

经过历代多次增修、重修的云居寺,占地面积6万多平方米,由当代佛教领袖、书法家、社会活动家赵朴初居士题写的"云居寺"寺匾悬于寺门之上。

■ 云居寺鼓楼

云居寺山门前有汉白玉的款龙桥和台阶石狮,整座寺庙,依山而建,形成五大院落六进殿宇:即天王殿、毗卢殿、大雄宝殿、药师殿、弥陀殿与大悲殿,各殿逐次提升,各正院之旁又有配殿,蔚为壮观。

云居寺中路以北为行宫院,寺之北部有北塔罗汉塔、三公塔,右侧有石经地宫和琬公塔、压经塔即续秘藏石经塔。

山门即天王殿,出天王殿前有木牌楼一座,左右为钟鼓楼,院东北隅修竹耸翠,溪流环绕。

正殿为毗卢殿,殿前的两通石碑为1688年立,记载了重修寺院经过。毗卢殿门悬匾"慧海智珠",两旁悬对联"林外钟声开宿月,阶前幡影漾清辉",均为清代乾隆帝御笔。

覆钵式塔 又称喇嘛塔,是藏传佛教的塔,因塔身形如倒扣的钵而得名,基本结构相同,有8种不同的风格。塔的每层结构都表达着一种宗教意义,从下向上分别是:基座、塔身、塔脖、塔刹。巨大的塔身蕴含着深厚的佛教内涵。

■ 云居寺北塔

毗卢殿后通过两道砖阶攀至第一平台，有一座韦驮小殿兀立其上。入第二道院为释迦殿，门额悬匾"耆窟香林"，殿联"石洞别天清净地，经函常护吉祥云"是清代乾隆帝御笔，殿内供释迦牟尼像。

释迦殿后由旁梯升至第二平台，即第三院，有正殿"药师殿"，内供药师佛，悬乾隆题匾"香云常住"，殿后有两石阶连第三平台。

进入第四院为寺院中心所在，院落宽敞，花木扶疏，院右为方丈居所，院左为文殊殿。正殿为弥陀殿，悬乾隆御题"金轮正觉"，内塑阿弥陀佛像，后堂供观音坐像。弥陀殿院内还立有清康熙年间造的经碑《金刚经》《药王经》两方。

绕行弥陀殿后，拾级攀入第五院，庭院甚阔，立碑4方，正殿为大悲殿，悬乾隆御匾"莲台净域"，内供大悲观世音菩萨，相貌慈悲，供于神龛之内，外遮深色薄纱。

殿右为藏经殿，有小门与大悲殿通。藏经殿深且广，殿内巨柜林立，中存经卷。

此外，第四院有南北跨院，南院有殿两座，一座为祖师殿，内供云居寺历代住持像，另一座为地藏殿；北院有大殿两组，一为千佛殿，另一为行宫院，为清代历朝皇帝驻跸之所。

云居寺是佛教经籍荟萃之地，寺内珍藏的石经、纸经和木版经，号称"三绝"。石经历经了隋、唐、辽、金、元、明6个朝代,绵延1000多年,镌刻佛经共1122部、3572卷、14278石,分别珍藏于石经山9个藏经洞和云居寺石经地宫中。

镌刻如此大规模的石经是世界文化史上罕见的壮举,堪与我国的万里长城、京杭大运河相媲美,被誉为"北京敦煌"。

云居寺纸经现藏2.2万多卷,为明代刻印本和手抄本。刻印本包括明永乐时期南京印刷的近3000卷的《南藏》印本和一部1440年《北藏》印本7000余卷,一部1613年《北藏》印本3000余卷。藏文经卷共4种1000余卷,属于最早的藏文印刷品。手写佛经多数为明代抄本,最早书于1540年。云居寺纸经数量之多,为国内各大名寺所罕见。

云居寺木版经,是始刻于1733年至1738年的清代《龙藏》,梨木雕刻,刻工精细,佛像及版面生动美观。这批《龙藏》木版经共7.7万多块,先后存放于故宫武英殿、柏林寺、智化寺,后分别运至云居寺,全部木版经重达400余吨,堪称我国木版经书之最。

云居寺塔建有很多,其中包括唐塔7座,如开元十年塔、开元十五年塔、景云塔、太极塔与石经山金仙公主塔等;辽塔5座,如云居寺北塔即

> **方丈** 我国佛教虽然一般都将住持称之为"方丈",但一般情况下只要有寺庙就有住持,而方丈必须是上规模的寺庙群才能有。并且方丈可以兼任多个寺庙,而住持则不能。一般来说,方丈必须由所在省的宗教管理部门和佛教协会任命才能生效。

■ 云居寺铜钟

罗汉塔、开山琬公塔、续秘藏石经塔、老虎塔等；以三公塔为首的明清代塔若干。此外，还有隋唐碑刻等历史文物。

云居寺中有4件铜质品弥足珍贵，分别是：铜佛1尊、铜锅2口和铜香炉1尊。

铜佛乃供奉于云居寺弥陀殿内的阿弥陀佛，这尊铜佛高约3米，重7.5吨，仅修复一个缺损的指头就用去铜料1.5千克。

铜锅是云居寺的镇寺之宝，有一大一小两口，大锅直径3米，小的直径1.5米。据说两口铜锅烧一次饭足够800僧众吃一顿。铜锅底部均匀地分布着一些凹槽，是为防止熬粥时里面有小沙子而特意设计。

铜香炉为明宣德年间铸造，三足鼎立，古朴敦厚，是一件难得的铜铸法器。

云居寺不仅藏有石经与千年古塔，而且珍藏着令世人瞩目的两颗佛祖肉舍利。这是世界上唯一珍藏在洞窟内而不是供奉在塔内的舍利，与北京八大处的佛牙、陕西西安法门寺的佛指，并称为"海内三宝"，为千年古刹增添了一份祥光瑞气。

阅读链接

在云居寺弥陀殿院内，有座嘉庆御碑亭。嘉庆御碑是一块卧龙碑，雕刻精美，做工考究。碑上玉龙腾跃，祥云环绕，碑身两面分别刻有清嘉庆皇帝两次游幸云居寺时御笔亲题的诗文《云居寺瞻礼二十韵》和《再游云居寺》，词藻华丽，书法遒劲，是一代天骄的代表作。

在抗日战争时期，有一次日军战机轰炸，有一块炸弹弹片神奇地击中了《云居寺瞻礼二十韵》诗中的"雲"字，且恰恰切去了"雲"字的下半部分，形成一朵云衬托于"雲"字的下方。这一巧合不得不令人称奇。大概云居寺通过这朵云来谴责日本军国主义制造的战争阴云，给世界文明带来的深重灾难。